# Schwarzer HUMOR

## NEUES AUS DER VORHÖLLE

Ich bin nicht frech –
sondern einfach verbal überlegen …

Schwarzer
HUMOR
NEUES AUS DER VORHÖLLE
EDITION XXL

# Vorwort

Liebe Leserinnen und Leser,

das Warten hat endlich ein Ende: Der schwarze Humor ist zurück, und das fieser als jemals zuvor! Erneut haben wir uns an die Grenzen des guten Geschmacks und in die tiefsten Abgründe des Humors begeben, um Ihnen eine erstklassige Auslese teuflisch guter Witze, treffsicherer Pointen und fieser Sprüche präsentieren zu können.

Neulinge mögen sich vielleicht fragen, was genau schwarzer Humor eigentlich ist. Gewissermaßen ist er der rebellische Bruder des milderen Humors. Mit einem schelmischen Grinsen auf den Lippen bricht er so manches Tabu und macht auf gesellschaftliche Missstände aufmerksam. Dabei überschreitet er auch einmal Grenzen – aber niemals mit der Absicht, andere zu verletzen.

Eines ist klar: Schwarzer Humor ist nicht jedermanns Sache. Studien haben jedoch inzwischen gezeigt, dass Menschen, die auch über die tragischen Seiten des Lebens lachen können, ausgeglichener und glücklicher sind als diejenigen, die mit schwarzem Humor nichts anfangen können.

Sie sehen also, dass es völlig legitim ist, über makabre Witze und bissige Pointen zu lachen – selbst wenn einem das Lachen auch einmal im Halse stecken bleibt. Die vorliegende Sammlung liefert Ihnen jede Menge neues Material zum Schmunzeln und Kaputtlachen.

*Wir wünschen Ihnen viel Vergnügen bei der Lektüre!*

Als Gott
Gehirne verteilte,
warst du wohl
gerade an der
Pommesbude?

Jetzt ist es auch zu spät,
um jung zu sterben.
Jetzt müssen wir es durchziehen.

Wenn jemand ein Problem
mit mir hat,
darf er es ruhig behalten.
Es ist ja schließlich seines.

Ich könnte abnehmen.
Aber dann wäre ich klug,
hübsch, witzig, kreativ,
charmant und schlank.
Das wäre nicht fair.

Montag ist auch
eine Art Dschungelprüfung.

Das ist Heinz.
Heinz ist 69 Jahre alt.
Seine Freundin ist 23.
Wie viel Geld hat Heinz?

Warum können BIENEN
so gut rechnen?
Weil sie sich den ganzen Tag
mit SUMMEN beschäftigen.

Mein Gesicht steht immer
3 Stunden nach mir auf.

„Machst du heute Homofiss?“,
fragte Papa heute per WhatsApp.
Er kann kein Englisch,
aber ich habe 3 Stunden gebraucht,
um die Lautschrift zu kapieren.

Ich bin heute einfach mal dankbar
für alle Probleme, die ich nicht habe!

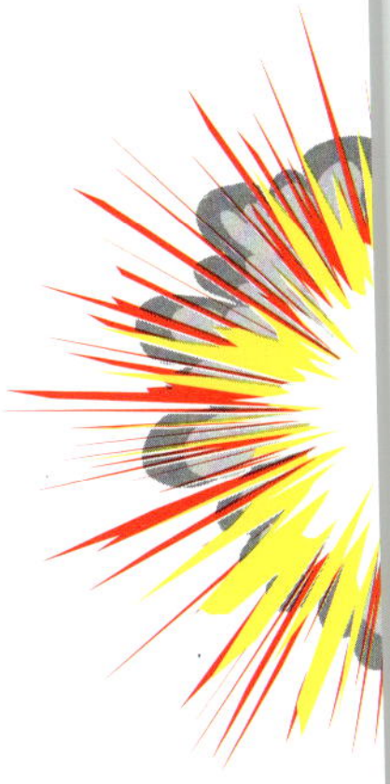

Wenn Männer sagen,
dass sie auf glatt rasiert stehen,
dann meinen sie damit nicht
die Augenbrauen, Mädels.

Kalorien werden beim Überbacken
mit Käse ja abgetötet,
wie jeder weiß.

Laut „Der Hobbit“ war Gollum
einst ein schöner Mann,
dem durch das Anlegen eines Ringes
seine Jugend, Lebensfreude und
Energie geraubt wurde.
Schöne Metapher.

## „ENTSPANN DICH MAL!“

Der Sprengmeister
unter den guten
Ratschlägen.

Wir alle haben diesen einen Kollegen,
bei dem man sich fragt:
„Wie zur Hölle hat er
den Job bekommen
und warum zum Teufel
hat er ihn noch?“

„Findest du, ich habe zu wenig Busen?“
„Nein, zwei sind völlig okay.“

„Sie haben aber einen
festen Händedruck!“
„Danke, mit der Hand
masturbiere ich immer ...“

Und immer daran denken:
Du bist nicht wertlos!
Organe sind sehr teuer
auf dem Schwarzmarkt.

Manche Menschen inspirieren
meinen inneren Serienmörder.

Eine Schwangere geht
zum Metzger: „Ich bekomme
3 Kilo Gehacktes."
Darauf der Metzger:
„Sachen gibt's!"

Starte jeden Telefonanruf mit:
„Mein Akku ist fast leer."
Dann kannst du,
wenn du gelangweilt bist,
immer auflegen,
ohne etwas zu sagen.

Habe gerade am Bahnhof
zwei Typen gesehen,
die sich geimpft haben.
Sehr vorbildlich!

In jeden **TOPF**
passt ein **DACKEL**.

Altes chinesisches Sprichwort

Ich beim Joggen.
Gehirn: „Wir müssen reden!“
Ich: „Okay.“
Gehirn: „Werden wir verfolgt?“
Ich: „Nein.“
Gehirn: „Verfolgen wir jemanden?“
Ich: „Nein.“
Gehirn: „Was zur Hölle
machen wir dann hier?“
Herz und Lunge: „Wir haben da
auch mal eine Frage ...“
Knie: „Kuckuck!“

Du siehst schrecklich aus!
Wie machst du das bloß?

Wisst ihr noch damals als Kind?
Auf der Couch einschlafen
und im Bett aufwachen.
Wann genau verlernt man
das Teleportieren?

Was macht ein Bäcker,
der keine Arme und Beine hat?
Rumkugeln.

In meinen kühnsten Träumen
hätte ich nie gedacht, dass ich
eines Tages mit einer Maske
am Bankschalter Bargeld abhole ...

Mal den Einkaufswagen
mit Kindersitz nehmen
und an der Kasse verwundert rufen:
„Huch? Wo ist denn mein Kind?
Ach, egal!“, schnell bezahlen und gehen.

Jeder ist halt wie er ist!
Und du bist halt ein Arschloch.

Man merkt, dass man
alt wird, wenn die Kerzen
mehr kosten als die Torte.

„Diese roten Schwimmkerzen,
die du da mitgebracht hast,
sind das Duftkerzen aus der Schweiz?
Die riechen extrem nach Käsefondue!"
„Hast du den Babybel angezündet?"

Heute mal den Salzstreuer auffüllen.
Das dauert bei den kleinen Löchern
ja immer ewig.

Kevin sitzt in einer Badewanne
voller Fanta, weil er auch mal
aus einer Limo winken will.

Sie will einen Liter Milch abmessen,
holt den Messbecher raus und
kippt die 1-Liter-Milchtüte
komplett hinein ...
aber sie ist hübsch!

Im Mittelalter sind viele Kinder
jung gestorben, da die Hüpfburgen
noch aus Stein waren.

Zieht man beim ersten Date schwarze
oder weiße Socken zu den Sandalen an?
Ich will einfach nichts falsch machen.

Wenn der rote Stift leer ist,
muss ich halt die Klausur
der Klasse 13 mit pinkem
Glitzerstift weiterkorrigieren.
Ich meine, so sehen
0 Punkte ja auch gleich
viel freundlicher aus.

Da versucht man einmal
sexy zu schauen, schwups,
direkt wegen Verdacht
auf Schlaganfall eingeliefert.

Ich kenne Menschen, die sollten
generell auf dem Rücken schlafen.
In Seitenlage könnte ihr Erbsenhirn
versehentlich aus dem Ohr rollen.

Wenn es klingelt,
gehe ich immer mit Jacke zu Tür.
Je nachdem wer es ist,
will ich gerade weg oder bin
eben erst heimgekommen.

Mein Körper ist ein Tempel.
Antik, verfallen,
möglicherweise verflucht.

Ich hatte in meinem Leben
schon diverse Nahidiotenerfahrungen.

Wenn ihr nicht über euch lachen könnt,
sagt Bescheid,
dann mache ich das.

Manche sind so hohl im Kopf,
da hat sogar das Echo Angst ...

Wie ich an meiner Schule
mit nur einer einzigen Antwort
zur unsterblichen Legende wurde:
„Michael, was ist die Hälfte von 8?"
„Halb 8!"

Was haben ein Hund und ein
kurzsichtiger Frauenarzt gemeinsam?
Eine feuchte Nase.

Oma ist in der Sauna eingeschlafen.
Hilde gart.

Was fängt mit „T" an
und hört mit „itten" auf?
Tiefkühlfritten!

Jetzt weiß ich, warum

# Peter Pan

nie erwachsen werden wollte.

Tut mir leid,
dass ich mich selber so feiere,
aber irgendjemand
muss es tun.

Um diesem Arbeitstag
etwas mehr Ausdruck zu verleihen,
rühre ich jetzt meinen Kaffee
mit dem Mittelfinger um.

Durchsage auf der Titanic:
„Hiermit nominieren wir alle Passagiere
für die Ice-Bucket-Challenge!"

„Boah, ist der Junge da drüben hässlich."
„Das ist mein Sohn."
„Oh, Entschuldigung, ich wusste nicht,
dass Sie der Vater sind."
„Ich bin seine Mutter."

Was sollte man tun,
nachdem man einen Gehörlosen
ausgeraubt hat?
Seine Finger brechen,
damit er keine Aussage machen kann.

Was ist zehn Meter lang,
hat nur einen Zahn
und riecht nach Urin?
Eine Polonaise im Altersheim.

Dennis: „Was magst du?“
Mandy aus Dresden:
„Ich mag Dischdennis!“
Dennis: verunsichert.

Man muss auch manchmal
was Schlechtes von sich preisgeben,
sonst verlieben sich ja alle.

Liebe Schwiegermama,
bitte spar dir deine Ratschläge
zur Kindererziehung!
Ich habe eins deiner Kinder
daheim und ganz ehrlich:
Du hast total versagt!

Natürlich packe ich
nicht alle Leute in Schubladen.
Manche mauere ich im Keller ein
oder versenke sie in der Elbe.

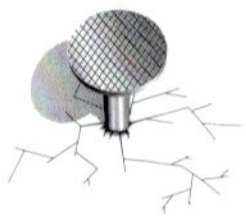

Einfach mal den Chef fragen,
was er so beruflich macht.
Das Gesicht: unbezahlbar.

Mutig ist,
wer Durchfall hat und trotzdem furzt.

Wie schwer darf ein Furz sein?
0 Gramm! Sonst ist es Scheiße.

Mein Mann wollte unbedingt
einmal Doktorspiele ausprobieren.
Jetzt sitzt er seit 3 Stunden
im Flur und wartet darauf,
aufgerufen zu werden.

Ich komm vom Land.
Ich hab noch Restfreundlichkeit.

„Ich hätte gerne **HAUSTIERE**, damit die Wohnung nicht so still ist."
„Mach doch **WÜRSTCHEN** in der Mikrowelle heiß. Die **FIEPEN** eigentlich ganz niedlich."

Ich bin allseits beliebt wegen
meines ausgeglichenen Wesens und ...
Ja, was? Guck nicht so, du Idiot!

„Auaa!"
„Hast du dich verbrannt?"
„Nein, in meinem Kulturkreis
begrüßen wir heiße Speisen
aus dem Ofen generell
mit Gesang und Tanz."

„Schatz, findest du,
ich habe zugenommen?"
„Nein Liebling, das Wohnzimmer
ist kleiner geworden!"

Verheiratete Männer
leben statistisch gesehen länger,
sind aber früher bereit zu sterben.

Wenn Gras über
eine Sache gewachsen ist,
kommt meist ein Esel
und frisst es wieder runter.

„Mein PC schreibt
nur noch Großbuchstaben."
„Haben Sie die Feststelltaste gedrückt?"
„Nein, das habe ich
ganz alleine gemerkt."

Einmal am Montagmorgen
so fit aussehen wie
die Tatort-Leiche
vom Sonntagabend.

Aufstehen.
Danach kommen im Prinzip
nur noch Folgefehler.

Wenn man sich betrinken will:
Beim Weinkauf immer auch
Käse und Weintrauben mitnehmen,
damit andere denken, man hätte Stil.

Eventuell hat Maria den armen Josef
einfach nur betrogen
und die Ausrede ist ein bisschen
aus dem Ruder gelaufen.

Habe eben einen 50-Euro-Schein gefunden.
Hab ihn aber sofort weggeworfen.
Der war gefälscht – lila
und eine 0 zu viel. Aber nicht mit mir!

„Ihr Hund ist nie angeleint."
„Ihre Kinder auch nicht."
„Aber das sind Kinder!"
„Wir rufen jetzt und wer nicht hört,
trägt ab sofort eine Leine, okay?"

„Dein Hosenstall ist offen."
„Der achtsame Ritter trägt
sein Schwert immer griffbereit!"

Was du heute kannst entkorken,
das verschiebe nicht auf morgen.

Wenn der Weihnachtsmann
ein Gefängnis besucht,
was sagt er dann zu den Insassen?
Verlies navidad!

## WIE NENNT MAN EINEN RITTER OHNE HELM?

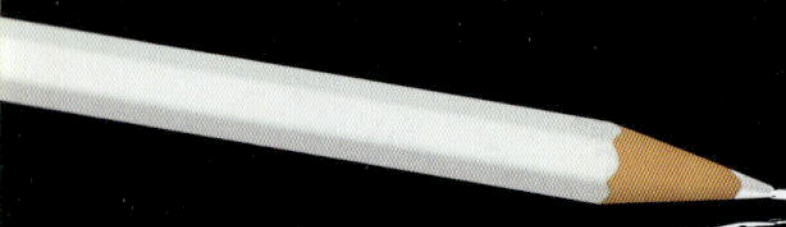

Manchmal fühle ich mich
völlig nutzlos.
Aber dann denke ich an
den weißen Buntstift.

Ich denke, Menschen
sind morgens schlecht gelaunt,
weil sie die ganze Nacht
nichts gegessen haben.

Wieso gibt es in Beziehungen
keine Treuepunkte?
Wenn man treuer als der Partner war,
macht ein Messerset
doch erst richtig Sinn.

Ich trage schwarz und werde gefragt:
„Wer wird heute beerdigt?"
Ich blicke in die Runde:
„Die Entscheidung ist noch nicht gefallen."
Totenstille.

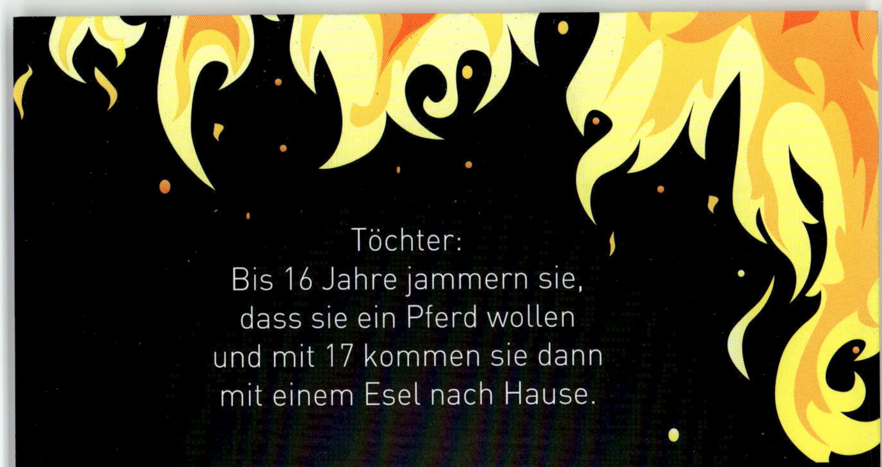

Töchter:
Bis 16 Jahre jammern sie,
dass sie ein Pferd wollen
und mit 17 kommen sie dann
mit einem Esel nach Hause.

Habe heute Nacht
von der Arbeit geträumt.
Weitere sechs Überstunden notiert.

„Immer wenn du
etwas Interessantes erzählst,
wird irgendwo ein Einhorn geboren."
„Es gibt keine Einhörner."
„Ich weiß."

Früher:
Das Mädchen trägt
den Pulli ihres Freundes.
Heute:
Der Junge trägt die Leggings
seiner Freundin.

Tupperschüsseln sind
echt superpraktisch.
Zum Beispiel, wenn man
Essen übrig hat, es aber
erst in zwei Wochen
in den Müll werfen will.

Diätregel Nummer 1:
Wenn es schmeckt, spuck es aus!

Wäre ich Arzt,
würde ich in den Aufwachraum
einen Kalender von 2034 hängen.

Wenn du
im **DUNKELN**
auf dem Klo nach dem
flauschigen **TOILETTENPAPIER**
greifst, stelle sicher,
dass es nicht miaut.

Wenn ich mit offenem Fenster schlafe,
höre ich manchmal eine Frau
vor Glück schreien und frage mich,
wer ihr nachts um zwölf Schuhe liefert.

„Ist das hier die
Selbsthilfegruppe für Naive?"
„Ja. Und heute lernen wir,
giftige Pflanzen
am Geschmack zu erkennen."

Ein Ehepaar hat zwei
hübsche Töchter. Als drittes Kind
kommt ein hässlicher Junge.
Da fragt der Ehemann:
„Hast du mich etwa betrogen?“
Darauf antwortet sie:
„Nein, diesmal nicht.“

Wenn ein Bademeister in Rente geht,
schaut er dann auf eine
chlorreiche Karriere zurück?

# HEUTE BITTE NUR KOMPLIMENTE!

Tja: Tja
Tja: Dazu fällt mir nichts ein.
Tja: Selber schuld!
Tja: Dumm gelaufen.
Tja: Kannste nix machen.
Tja: Wenn das so ist …
Tja: Interessiert mich nicht!
Tja: Ich hab da 'ne Theorie …

Ich: „Ich möchte einen mittleren
fünfstelligen Betrag abheben.
Ist das heute möglich?"
Bank: „Gerne,
von welchem Konto?"
Ich: „Das ist mir egal!"

Ich will doch morgens nur
in Ruhe meinen Kaffee trinken
und mein launisches
Prinzessinnengesicht machen.

Eigentlich bedarf es
gar nicht viel.
Etwas Benzin,
eine Schachtel Streichhölzer –
und schon geht der Kollege
mit leuchtendem Beispiel voran.

Ich liebe meine Kinder.
Aber ab und an stelle ich mich
auch gerne mal für zwei Stunden
an eine Großbaustelle,
um die Ruhe zu genießen.

Arzt: „Brennt es denn
beim Wasserlassen?"
Patient: „Weiß ich nicht,
ich hab es noch die angezündet."

Kollege: „Auf einer Skala
von 1 bis 10, wie sehr
bist du von mir genervt?"
Ich: „20."
Kollege: „Ich sagte, bis 10!"
Ich: „Wenn du so weitermachst,
sind wir gleich bei 30!"

Ich bin jetzt im 6. Monat
und freue mich so!
Langsam sieht man schon was!

*Sidney (24), lässt sich einen Bart wachsen*

Macht man die Frau eigentlich ab,
bevor man den Ring in den Vulkan wirft?

Jede Hand, die ihr schüttelt,
hat vermutlich schon mal
einen Penis angefasst.

Schau dir einfach einen Horrorfilm an,
wenn du dich einsam fühlst.
Danach fühlst du dich zu 100 %
nicht mehr alleine.

Wie nennt man einen kleinen Türsteher?
Sicherheitshalber.

„Schatz, das Auto fährt nicht!"
„Wenn ich nicht dabei bin,
musst du links sitzen."

Wenn mir langweilig ist,
stelle ich mich vors Standesamt
und rufe dem Bräutigam zu:
„Ich werde dich trotzdem
immer lieben."

Wurstfachverkäuferin.
Aber wer braucht denn ein Wurstfach?

Schild am Straßenrand:
Vorsicht, Kinder!
Pfff! Als ob ich Angst vor denen hätte!

Ich will ja nicht meckern,
aber wenn ich 300 Gramm Kuchen esse,
dann möchte ich auch nur
300 Gramm zunehmen, und nicht 2 Kilo.

Wie nennt man
einen russischen Veganer?
Mooskauer.

Eben ging jemand bei rot
über die Straße, obwohl
ein Kind danebenstand und zusah.
Ich habe ihn natürlich
sofort überfahren, um das
Werteverständnis des Kindes
aufrechtzuerhalten.

Ich bin nicht erwachsen –
ich sehe nur so aus.

„Ich bin jetzt in einer Gang."
„Wie viele seid ihr?"
„Nur ich, es ist eine Alleingang."

Dieser unangenehme Moment
zwischen Kindergarten und Rente.
Ihr kennt das.

Bevor ich sterbe,
beauftrage ich jemanden,
der nach meinem Tod mit meinem
Facebook-Account postet:
„Geil, hier oben gibt's WLAN!"

Ich drücke gegen die Tür.
Die Person hinter mir:
„Sie müssen ziehen!"
Ich: „Danke!
Meine nächste Idee
wäre Sprengung gewesen."

# Du stehst dem Schöpfer gegenüber!

„Definiere Deutschland."
„Es heißt bitte!
Und wann habe ich Ihnen
das Du angeboten?
Haben Sie überhaupt eine
Genehmigung für solche Umfragen?"

100 Milliarden Nervenzellen und
noch dazu komplex verschachtelt –
um es kurz zu machen:
Die Möglichkeiten, sich dämlich
zu verhalten, sind unendlich!

Also mal ehrlich:
Ich schaffe es bis 3 auf keinen Baum!

Alles unter neun Stunden Schlaf
ist Blinzeln.

Herr Maier ist beim Tauchen vor Cuba verschollen. Zwei Jahre später findet die Küstenwache die Leiche. Man benachrichtigt Frau Maier: „Völlig mit Muscheln bedeckte Leiche Ihres Mannes gefunden. Wert der Perlen: ca. 250 000 Dollar." Antwort der Witwe: „Perlen verkaufen, Geld überweisen und den Köder wieder auslegen."

„Einen Kaffee für Ihren Mann?"
„Legen Sie noch einen Erdbeerkuchen drauf und er gehört Ihnen!"

**WÄRE ICH EIN TIER, WÄRE ICH DIE RAUPE IMMERPLATT.**

Ein Anagramm
von Sport ist Prost.
Falls euch das noch nicht
aufgefallen ist.

„Ich weiß gar nicht,
was du beruflich machst."
„Ich auch nicht.
Ich gehe da einfach hin."

## Hoch die Hände, Monatsende!

Frank (42), Bankräuber

„Wir ziehen aufs Land,
wegen der Kinder."
„Oh, sind die so hässlich?"

Du denkst, ich kann nicht
ohne dich leben?
Bist du mein Ladekabel?

Und Gott sprach am 7. Tag:
„Scheiß drauf, morgen ist Abgabe,
ich lass das jetzt so."

„Und wenn alle von der Brücke springen,
springst du dann hinterher?"
„Ne, dann ist das Problem ja gelöst."

Was essen die Nutten
im Bordell am liebsten?
Puffreis!

Die Kirche denkt,
dass es unnatürlich sei,
wenn sich zwei Personen
desselben Geschlechts lieben.
Übers Wasser zu gehen
ist aber total normal.

Für eine konkrete Abneigung
kenne ich sie zu schlecht!

„Nennen Sie mir ein wichtiges Metall."
„Waffeleisen."

„Wie würden Sie
Ihren Modestil beschreiben?"
„Was über den Bauch passt,
wird auch angezogen."

„Rauchst du etwa?"
„Nein, ich schicke Häuptling
Grauer Adler eine SMS."

Fische sind statistisch gesehen
die am seltensten überfahrenen Tiere.

Das Tragische an meinen Leben ist,
dass es auf einer
wahren Geschichte basiert.

Alles wird gut.
Für wen, steht noch nicht fest.

Ich muss mich erstmal sammeln.
Drei von mir hab ich schon.

Wenn einem die dritten Zähne
in die Nudeln fallen,
hat man dann Zahnpasta?

Der größte Unterschied
zwischen Männern und Frauen
ist die Bedeutung des Satzes:
„Was für ein Arsch!"

Was bekommen Männer,
wenn sie nackt im Schnee liegen?
Schneeglöckchen.

Hab den Kühlschrank geputzt.
Der Joghurt hielt ein Referat
über die Endlichkeit des Lebens
und der Käse hatte die Haare schön.

Heute ist ein
wunderbarer Tag,
um mich in Ruhe zu lassen.

Du bist nicht einfach gestrickt,
du bist scheiße geknotet!

Ich kann ja gut Horrorfilme
alleine gucken.
Mit voller Beleuchtung.
Ohne Ton.
Bewaffnet.

„Warten Sie auf den Aufzug?"
„Nein, ich warte, dass
die Wohnung runterkommt."

Ich: „Meiner Meinung nach
ist die Lage wirklich
besäufniserregend."
Kollege: „Du meinst
besorgniserregend."
Ich: „Ja, das auch."

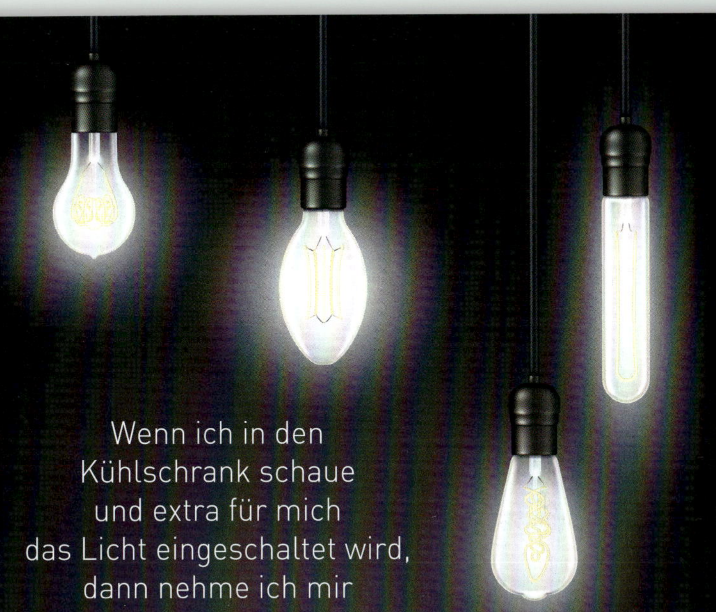

Wenn ich in den
Kühlschrank schaue
und extra für mich
das Licht eingeschaltet wird,
dann nehme ich mir
aus Höflichkeit auch
immer etwas heraus.

Mein Konto hat sich nicht im Griff.
Reagiert immer völlig überzogen.

„Wie viel verdient man
denn so als Fischer?"
„Das ist doch eine Fangfrage."

Heiße Liebe, Pure Lust, Sweet Kiss ...
Dieser Moment, wenn im Tee-Regal
mehr abgeht als in meinem
eigenen Liebesleben.

Ein schöner Po ist auch nur
ein Spektrum mit Speck drum.

Ich besitze so gute Mathekenntnisse,
dass bei meinen Textaufgaben
der Sohn am Ende älter ist als der Vater.

Ich bin nicht stur,
sondern meinungsstabil.

Habe heute 20 Cent
auf dem Parkplatz gefunden.
Ich werde aber erst mal
so weiterleben wie bisher,
damit die Nachbarn nix merken.

„Sie haben ja eine Kinderfahrkarte!"
„Da können Sie mal sehen,
wie viel Verspätung
der Zug wieder hatte!"

Ich bin jetzt Meganer.
Ich esse alles,
was megagut schmeckt.

Ich esse immer so viel,
Omas würden mich echt lieben!

In der Straßenbahn meinte
gerade ein Mädchen:
„Ich will für immer Jungfrau bleiben,
damit ich später einmal
ein Vorbild für meine Tochter bin.“

Ich mache keine Schreibfehler –
ich tippe im Dialekt.

Manche Menschen sind so hohl,
da reicht zum Röntgen ein Teelicht.

An manchen Tagen
bin ich echt gut drauf
und voll motiviert!
Die anderen Tage
sind Montag bis Freitag.

Ich hatte eine
schwierige Erwachsenheit.

„Mmmmhh, die Kekse
sind aber lecker.
Wo hast du die gekauft?"
„Fressnapf."

Ich sagte doch,
ich bin in 5 Minuten da!
Da brauchst du doch jetzt
nicht jede halbe Stunde anrufen.

Egal was du tust, gib immer 100 %.
Außer du gehst Blut spenden.

Wenn meine Frau singt,
gehe ich immer vor die Tür
und spreche mit den Nachbarn.
So wissen alle, dass
ich sie nicht schlage.

Habe heute eine
langjährige Beziehung beendet.
Bin aber nicht traurig.
War nicht meine.

Dieses Leben ist manchmal
auch nicht meine Party,
aber da ich nun mal eingeladen bin,
werde ich auch tanzen.

Achtung! Bitte überprüfen Sie
Ihr Gesicht auf Vollständigkeit.
Ich habe eine Nase
in meinen Angelegenheiten gefunden.
Gehört die Ihnen?

Der Vorteil von Paprika
gegenüber Menschen ist,
dass man die Hohlheit
mit Hack füllen kann.

WENN MIR LANGWEILIG IST,
SCHÜTTE ICH APFELSAFT
IN DEN SCHNEE ... UND WENN
LEUTE VORBEIKOMMEN,
ESSE ICH DAVON.

Zum Ex-Partner zurückzukehren
ist wie duschen zu gehen
und danach dieselbe
Unterwäsche anzuziehen.

Ich bin wie Sahne.
Ein bisschen fett
und passe gut zu Kuchen.

Ich fahre ja deswegen schon so vorsichtig,
weil fast nie die Unterhose zum BH passt.

Punkt, Punkt, Komma, Strich –
fertig ist dein Arschgesicht.

Der Stock im Arsch
ersetzt noch lange kein Rückgrat.

Meine Begeisterung für Männer
hält zurzeit ungefähr so lange
wie der Geschmack von Kaugummi.

Sommer ist,
wenn Gelbe Säcke besser riechen
als so mancher Mensch.

Ich verstehe gar nicht,
warum meine Pflanzen
immer vertrocknen.

*Jochen (53), steht auf dem Schlauch*

Schlägerei im Altenheim:
Wenn sich zwei streiten,
fliegen die Dritten!

So langsam hege ich den Verdacht,
dass mich meine Firma
zum Arbeiten eingestellt hat.

Ich gucke seit 30 Minuten
den Katzen zu, wie sie die
laufende Waschmaschine beobachten.
Total bescheuert, womit Katzen
ihre Zeit so verbringen.

„Wo arbeitet eigentlich deine Freundin?"
„Kennst du die Bäckerei
gegenüber vom Puff?"
„Ja."
„Da gegenüber."

„Was machst du am Wochenende?"
„Ich muss da was machen?"

Wenn ich gewusst hätte,
wie sich das Leben später entwickelt,
wäre ich im Sandkasten
sitzen geblieben.

„In meinem Job ist kein Platz für Angst.
Zeigst du Angst, bist du tot!"
„Was machst du beruflich?"
„Kindergärtner."

Ach, was heißt schadenfroh.
Ich bin einfach oft am falschen Ort
zur falschen Zeit glücklich.

Ich könnte wieder in die Luft gehen!

Es gibt wohl nix,
was mehr Erotik ausstrahlt,
wie wenn man mit Worten
und Sprache gut umgehen tut.

Männer werden ja nicht älter,
nur attraktiver.
Das Tragische ist nur,
dass sie meistens früh
wegen Schnupfen sterben.

War heute beim Psychiater,
aber er meinte,
das würde nichts bringen.
Ihr müsstet schon selber kommen.

Mein Motto:
Halte den Kopf hoch
und den Mittelfinger höher.

Manche gucken ja nur so dumm,
weil sie es wirklich sind.

„Ich bin es nochmal.
Wir wurden irgendwie unterbrochen."
„Ja, ich habe aufgelegt."

Wenn ich sage:
„Ich hasse Streit",
meine ich, ich hasse es,
an Streit beteiligt zu sein.
Wenn sich meine Kollegen streiten
und ich zuschauen kann,
lass ich eine Runde
Popcorn springen.

Ich baue jetzt mal
auf den Placebo-Effekt.
Ich habe Sportsachen an
und hoffe, mein Körper denkt,
ich mache Sport. Los, Kilos, purzelt!

Dass Abnehmen nicht
dauerhaft funktioniert,
zeigt ja schon der Mond.

Ich brauche einen neuen Kopf.
Der alte denkt zu viel.

Spinnen fängt man mit
einem Glas und Papier:
1. „Hilfe!" aufs Papier schreiben
und ans Fenster kleben.
2. Wodka ins Glas füllen.
3. Wodka trinken und auf Hilfe warten.

Egal, wie dicht du bist.
Goethe war Dichter.

Während der Geburt
hat eine Frau so starke Schmerzen,
dass es ihr beinahe möglich ist,
die Schmerzen nachzuempfinden,
die ein Mann bei einer
Erkältung durchmacht.

„Fahrkarten, bitte!"
Unglaublich, wie ein einziger Satz
einen vollständig aus der Bahn
werfen kann.

Wenn du einschläfst,
rubbeln Spinnen
ihre Schniedel
an deinem Gesicht.

„Was kann man abends
vor dem Fernseher knabbern,
das nicht dick macht?"
„Fingernägel."
(Ich helfe so gerne
auf diesen Internet-Frageseiten.)

Montag im Büro.
Das Kaffeepulver ist leer.
So wird es später auch
im Polizeibericht stehen.

Lasst uns abends für die
Gas- und Stromkonzerne klatschen,
statt die Erhöhungen zu zahlen.
Bei den Krankenschwestern
und Pflegern hat es ja auch gereicht.

Da isst du mal 2 bis 3 Jahre
ein bisschen mehr, als du solltest.
Zack, fett.

Ich bin nie schlecht gelaunt,
wenn ich alleine bin.
Also liegt es nicht an mir.

**FITNESSPLAN FÜR DEN 01.01.**

11–13 Uhr – Aufwärmen:
Öffnen und Schließen der Augenlider

14–15 Uhr – Hindernisparcours:
Bad – Sofa – Küche – Sofa

16–18 Uhr – Zirkeltraining:
Getränke und Snacks
abwechselnd zum Mund führen

ab 20.15 Uhr – Ausdauertraining:
versuchen, nicht vor
dem Fernseher einzuschlafen

Ein Kind kuschelt mit der Erzieherin.
Dann fragt es: „Sag mal,
hast du auch einen Busen?"
Erzieherin: „Na klar,
alle Frauen haben einen Busen."
Darauf das Kind: „Kannst du
deinen morgen mal mitbringen?
Dann ist es gemütlicher."

Was macht der Papst,
um beruflich aufzusteigen?
Sterben.

Mit einem Loch im Hinterkopf
wären manche Leute
zumindest noch als Nistkasten
zu gebrauchen.

Manchmal
bist du Psychologe,
manchmal
bist du Psychopath.

Habe heute bei der Arbeit
keinen Parkplatz gefunden.
Bin dann wieder heimgefahren.
Offensichtlich haben die
ja genug Leute.

Einige MENSCHEN sind wie SLINKIES.
Für nichts zu gebrauchen,
aber sie zaubern ein LÄCHELN
in dein Gesicht, wenn du sie
die TREPPE runterschubst.

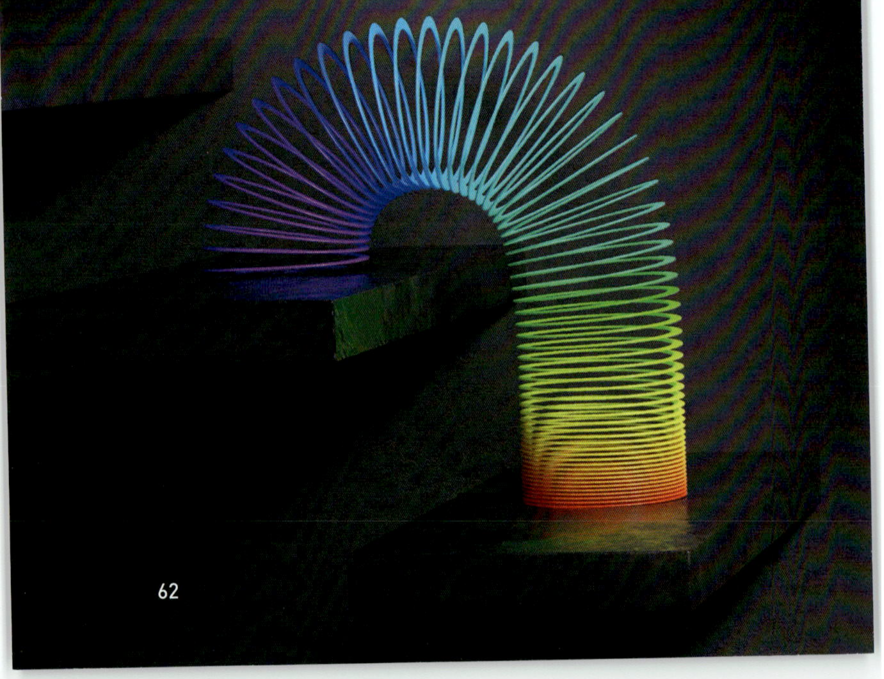

»Ich hab zwei Radler im Kühlfach.«

Gerd (42), Gerichtsmediziner

Das mit der gesunden Ernährung
klappt ja immer so lange,
bis ich richtig Hunger habe.

Hier kann jeder machen,
was ich will!

Bier war die Antwort,
aber ich erinnere mich
nicht mehr an die Frage.

Natürlich weiß ich,
was am 14.02. ist:
Mitte Februar.

Hat wieder keiner geklatscht,
als ich heute morgen
auf der Arbeit angekommen bin.
In diesem Büro
mangelt es an Disziplin!

Mein Chef fragt mich letztens:
„Wie kann man
an einem einzigen Tag
nur so viel falsch machen?"
Ich habe geantwortet:
„Wenn man früh genug aufsteht!"
Sein Blick – unbezahlbar!

Manchmal möchte ich einfach
spontan mit dir ans Meer fahren.
Nur du, ich und ein Sack Zement.

Gehe niemals auf Klassentreffen.
Da sind nur alte Leute!

Warum erschuf Gott zuerst
die Männer und dann die Frauen?
Zuerst kam die Skizze
und dann die Perfektion.

Die größte Lüge bei der Arbeit:
„Kann ich mir kurz
deinen Kugelschreiber ausleihen?
Ich gebe ihn dir gleich zurück."

Ich habe jetzt ein Alter erreicht,
in dem „Happy Hour"
ein Nickerchen bedeutet.

Brokkoli schmeckt am besten,
wenn man ihn wegwirft
und Pizza bestellt!

Wenn dein Nachbar im Garten
den Teppich ausklopft, rufen:
„Was ist los, *Aladin*?
Springt er nicht an?"

Ich bin ein Ufo.
Ein unheimlich faules Objekt.

„Ich habe ganz trockene Lippen."
„Reibt das nicht beim Gehen?"

Sich einfach mal neben
eine fremde Person
auf die Parkbank setzen,
ihr einen Briefumschlag
mit Foto hinlegen und flüstern:
„Es soll wie ein Unfall aussehen",
und weggehen.

Was findet man beim Kannibalen
in der Dusche?
Head and Shoulders.

Wenn ich jemandem Frühstück
ans Bett bringe, möchte ich
ein Dankeschön hören. Und kein:
„Was machen Sie in meinem Haus?"

Was ist der Unterschied
zwischen einem Hochzeitsmahl
und einem Leichenschmaus?
Es gibt ein Gedeck weniger.

Ist das Gegenteil von Japanisch
eigentlich Neinentspannt?

Wie geht eine Liebeserklärung
in Norddeutschland?
„Du bist mir nicht ganz unsympathisch."

Heute werde ich im Moment leben,
es sei denn, es ist unangenehm.
Dann esse ich einen Keks.

Respekt setzt immer
emotionale Intelligenz voraus.
Da haben wir den Salat.

Es sieht vielleicht so aus,
als sei mit mir alles in Ordnung.
Aber ganz tief in mit drin
habe ich schon wieder Hunger.

Je älter ich werde,
desto mehr geht es
bei mir aufwärts!
Blutdruck, Cholesterin,
Leberwerte, Dioptrien ...

Der Chef sagt, ich solle
mehr Entscheidungen treffen.
Wir haben jetzt eine Hüpfburg
im Foyer.

„Ach guck, und du bist
Sternzeichen Fische,
merkt man sofort!
Rate mal, was ich bin!"
„Dübel, Aszendent Hohlraum?"

Bei guter Pflege
mache ich viel Freude.

Mein Bruder und ich
haben uns ausgeschlossen.
Da meinte er,
ich soll einen Dietrich holen.
Jetzt stehen wir zu dritt hier.

Seit dem Beitritt zur EU
nennen sich die Einwohner Lettlands
stolz Europaletten.

Kartoffeln sind so faszinierend ...
Aus ihnen kann man
Chips, Pommes und Wodka machen.
Jedes andere Gemüse
sollte sich was schämen!

Reste von heißem Wasser
sollte man nicht wegschütten.
Man sollte sie lieber einfrieren,
denn heißes Wasser
kann man immer gebrauchen.

„Wir haben uns ja lange
nicht mehr gesehen!"
„Jede Glückssträhne
hat mal ein Ende."

Es ist so kalt draußen,
ich habe gerade zwei Polen gesehen,
die hatten ihre Hände
in den eigenen Taschen!

Meinen Wäschebergen nach
zu urteilen, habe ich 34 Kinder.
Und alle arbeiten sie im Bergwerk.

Einfach mal den Typen,
der sich ständig in den Schritt greift, fragen:
„Na, Phantomschmerz?“

Man muss die Dinge
auch einfach mal so ignorieren,
wie sie sind.

Nicht mein:
~~Tag~~
~~Monat~~
~~Jahr~~
~~Planet~~
Sonnensystem

Menschen, die Fremdwörter
nicht richtig nutzen, sind mir Prospekt.

Auf dem Gebiet der Fremdwörter
bin ich eine Konifere!

Man sollte Fremdwörter
schon beherrschen, um
dem Gegner Ravioli zu bieten.

Der Kollege wirft schon wieder
mit Fremdwörtern um sich.
Mich kann er damit aber
nicht imprägnieren.

Manchmal benutze ich Fremdwörter,
die ich nicht verstehe,
um adipös zu wirken.

Menschen, die Fremdwörter
nicht korrekt benutzen, sind dumm!
Ist jedenfalls meine Hypothek.

Hunger!
Man schäle mir eine Kuh!

Ich bin wirklich dankbar,
dass ich mein Essen
nicht selbst jagen muss.
Ich wüsste ja nicht einmal,
wo Spaghetti leben!

Natürlich kann ich kochen!
Das ist das mit dem Umrühren, oder?

„Darf ich dich heute Abend
zum Essen einladen?"
„Gegen 6?"
„Ne, einfach so."

**ICH ATME EIN.**
**ICH RASTE AUS!**

Und manchmal ist das Einzige,
das du brauchst, eine Umarmung.
Und eine Villa am Meer.

Forscher haben herausgefunden,
sind dann aber doch wieder reingegangen.

Der Chef behauptet,
das Winterschlafantragsformular
sei selbst gebastelt.

„Sie fliegen also
auch nach
Gran Canaria?"
„Nein. Über
Marokko spring
ich raus."
Der wird Augen
machen, wenn
ich mit Rucksack
aufs Klo gehe.

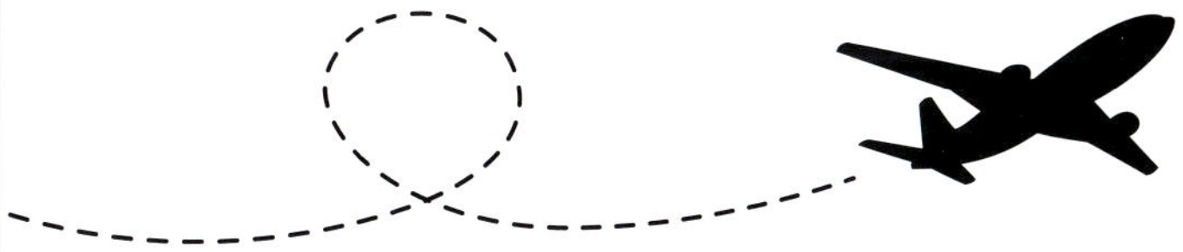

Neuerdings sind auch Pinzetten
in Flugzeugen verboten.
Ich finde, wer ein Flugzeug
mit einer Pinzette kapern kann,
der hat das Flugzeug
auch verdient!

Welcher Vogel hat Darth Vader
auf den Kopf gekackt?
Der Star wars.

Immer positiv denken.
Sonst klappt es mit
den Enttäuschungen nicht so gut.

Das Niveau mancher Menschen
hat im Keller noch Höhenangst.

Ich muss aus gesundheitlichen
Gründen dringend wieder an
meinem Desinteresse arbeiten.

Auf einer Skala von eins bis müde
bin ich heute Dornröschen.

An alle Frauen,
die auf ihren Prinzen mit Gaul warten,
aber ständig einen anderen Esel reiten:
So wird man keine Prinzessin.

**Ich kann beides:
die SCHÖNE und das BIEST.**

„Nein, nicht in die erste Reihe!
Da wird man immer
auf die Bühne gezogen
und muss mitmachen."
„Opa, wir sind auf einer Beerdigung!"

Ich rufe seit geschlagenen
zehn Minuten nach meinen Dienern!
So langsam glaube ich,
ich habe gar keine.

Ich kann 2,34 Minuten
den Bauch einziehen.
Dann muss der Blickkontakt da sein!
Oder der Notarzt.

Ich hätte nie daran geglaubt,
dass ich mal um 7 Uhr
aufstehen und joggen gehen würde.
Und ich hatte recht.

Warum ist der Po vertikal
in zwei Backen gespalten?
Horizontal würde es klatschen,
wenn du die Treppe herunterläufst.

Ich habe gekocht,
kann aber durch den Rauch
noch nicht genau sehen, was.

Nicht, dass dieser Sommer
verregnet wäre, aber das Reisebüro
hat angerufen und meinte,
die AIDA könne mich dieses Jahr
zu Hause abholen.

Ich bin ja jetzt in einem Alter,
da bekommt man
anstatt Zuwendungen Anwendungen.

Also, ich verbummle auch
viele Sachen, aber wie jemand
Fußboden verlegen kann,
ist und bleibt mir ein Rätsel.

Wenn mich einer fragt,
wie alt ich bin, sag ich einfach,
dass ich Schallplatten besitze.

Ich durfte auf der Arbeit
zum ersten Mal Gabelstapler fahren.
Kommt aber auch gleich
nochmal in den Nachrichten …

Was steht auf dem Grabstein
eines Mathelehrers?
Damit hat er nicht gerechnet.

Natürlich habe ich
auch ein Ernährungskonzept.
Wenn mir schlecht wird,
dann war es zu viel.

Wie viel Liter Salzsäure
braucht man, um einen Körper
komplett aufzulösen?
Ich frage für einen Freund ...

Betrunken flirten ist
wie hungrig einkaufen.

Ich kann Frauen nicht verstehen,
die eine Prinzessin sein wollen.
Vergiftet, im Turm eingesperrt,
hinter Dornen und auf Erbsen –
und wofür? Für einen Kerl
in Strumpfhosen.

» Ich dreh durch! «

Martin (42), Kameramann,
macht keine Mittagspause

Kindergarten ist ein irreführender Begriff.
Killervirenzuchtstation trifft es eher.

Wir haben heute Anti-Stress-Bälle
im Büro bekommen.
Drei Kollegen kauen darauf rum,
zwei bekommen ihn nicht
aus der Tüte und meiner
liegt brennend vor dem Fenster.

Neuer Traumjob:
Friedhofsgärtnerin.
Kreativ mit Menschen arbeiten,
ohne mit ihnen diskutieren zu müssen.

Ich sage es schon mal vorsorglich:
Wenn wir alle zur Hölle fahren,
brauche ich einen Sitz
in Fahrtrichtung,
sonst wird mir schlecht.

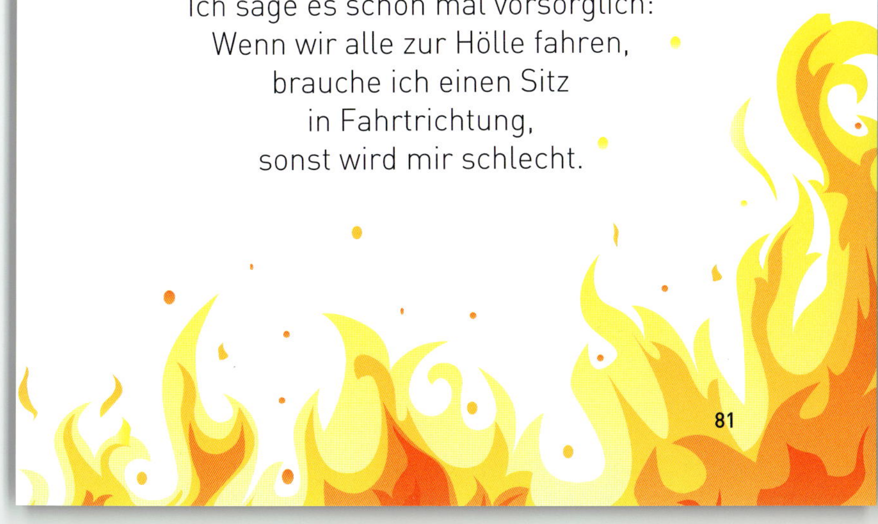

**Je größer der**
**Dachschaden,**
**desto besser der Blick**
**auf die Sterne.**

Das sieht irgendwie billig aus,
aber es passt zu dir!

Klopapier gekauft.
Wieder 3 Euro für den Arsch.

Viele Paare entfremden
sich ja im Laufe der Zeit.
Das kann Dingens und mir
definitiv nicht passieren!

Ich will keinen Mann,
der einen fetten Klunker schenkt,
sondern einen, der mich so ansieht
wie die Teleshopping-Moderatorin
das Micro-Magic-Spültuch.

Kurz dachte ich, man hätte
mir beim Joggen nachgepfiffen.
War aber nur meine Lunge.

Wenn man die Augen zukneift,
die Finger in die Ohren steckt
und „Lalala" singt,
geht's eigentlich.

Mit Anfang 40 vor einem
riesigen Wäscheberg sitzend,
bekommt die Bezeichnung
„alter Falter" eine
ganz neue Bedeutung.

Kennt ihr die wichtigste
80-zu-20-Regel des Berufslebens?
20 % leisten, es aber
wie 80 % aussehen lassen.

Ich funktioniere nur dank
Koffein, Sarkasmus und
unangemessenen Gedanken.

Nur noch dreimal Pakete
für die Nachbarn annehmen
und ich habe alle
Weihnachtsgeschenke zusammen!

Ich beuge mich
nicht länger der
Diktatur des Kalenders!

Frohe Weihnachten
euch allen!

Notiz an mich:
Ein heißes Backblech
sieht genauso aus
wie ein kaltes Backblech.

„Ich kann an einer Hand abzählen,
wie oft ich in Tschernobyl war.“
„Wie oft denn?“
„Sieben Mal.“

Jedes Mal, wenn
ein Vogel auf mein Auto kackt,
esse ich ein Rührei draußen.
Nur um zu zeigen, wer hier der Boss ist.

Abends gehe ich oft mit
einer Schüssel Nudelsalat spazieren,
um den Eindruck zu erwecken,
ich hätte Freunde,
die mich zu Partys einladen.

Wer an einem
Stück Pfannkuchen erstickt, crêpiert.

Das Schönste, was es gibt,
ist ein Kinderlachen in der Wohnung.
Außer ihr habt kein Kind
und könnt auch keines sehen,
dann ist es gruselig.

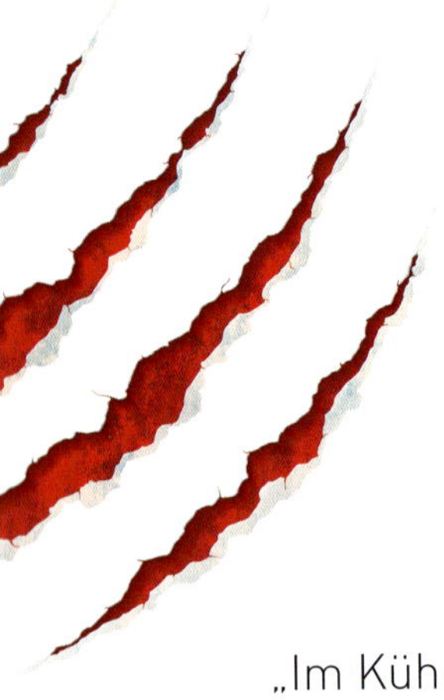

Ich wollte mich
wirklich benehmen,
aber es gab so viele
andere Optionen.

„Papa, bekomme ich
eine Delfintherapie?“
„Im Kühlschrank steht ein Glas Rollmöpse.
Die kannst du aufwickeln und streicheln.“

Habe gerade unser Garagendach
blau angemalt, damit
Google Earth denkt,
wir hätten einen Pool.

„Haben Sie das Buch
‚Der Mann als Herr im Haus‘?“
„Märchenbücher führen wir leider nicht!“

**Warum Harry Potter in Deutschland langweilig wäre:**

**– Hogwarts wäre geschlossen, weil die wandelnden Treppen gegen die Brandschutzvorschriften verstoßen.**

**– Fliegen wäre nur mit einem Besenführerschein erlaubt!**

**– Niemand ist zum Schulbeginn da, weil der Zug Verspätung hat oder wegen Streik ganz ausfällt.**

Führe mit einem Fahrrad
den Autokorso an.
Es wird gehupt und geschrien.
Die Stimmung ist riesig!

Scheiß auf selbstfahrende Autos!
Selbstputzende Wohnungen,
das braucht die Menschheit.

„Oh, süß, der Kleine!
Ist das Ihrer?"
Es gibt einfach Sachen,
die hört man im Kindergarten
weitaus lieber als in der Sauna.

Wenn es den Montag bei IKEA
zu kaufen gäbe, würde er
„Elenda Kackdregg" heißen.

Wenn mir langweilig ist,
frage ich in einem Elternforum,
ob die anderen Kinder
von Bier auch immer
Durchfall bekommen.

Manchmal überlege ich,
wieso die Leute mich
so doof angucken, aber dann
fahre ich mit meinem Dreirad
einfach fröhlich weiter.

Manche Menschen sind wie Spardosen.
Je weniger Inhalt,
desto mehr Lärm!

Ich hab ja damit aufgehört,
frühmorgens am Waldrand zu joggen.
Nicht, dass mich ein Jäger
aufgrund meiner Eleganz
mit einem Reh verwechselt.

„Warum haben Sie
den Gruselclown so zugerichtet?"
„Notwehr."
„25 Schläge?"
„Die Nase hat so lustig gehupt!"

Manchmal schaue ich verträumt
meine Kontoauszüge an und denke mir:
„Mein eigenes kleines Griechenland."

„Ich habe ein Auge
auf meinen Kollegen geworfen."
„Ich befürchte, der Job
in der Rechtsmedizin
ist nichts für dich."

Meine Oma ist Griechin.
Fetalicherseits.

Am Ende investiert man ja doch
immer so viel in eine Beziehung.
Gefühle, Zeit, Nerven,
Klebeband, Schaufel, Müllsack ...

Joghurt fallen gelassen.
Er war nicht mehr haltbar.

Ich wollte früher immer was
mit Tieren machen.
Deshalb grille ich heute so gerne.

Ich lasse mir jetzt
einen Krankenwagen tätowieren.
Dann habe ich ein Tatütatatattoo.

Man sagt nicht mehr fett.
Man sagt gravitativ benachteiligt.

**Ja, ich kann es!** *

*... auch einfach mal bleiben lassen.

Können wir mal über die
wahren Probleme etwas
kleinerer Menschen sprechen?
Ich kann meinen Arm
nie ganz hängen lassen,
weil sonst die Einkaufstüte
auf dem Boden schleift.

„Meine Mutter kann sehr gut rennen.“
„Und woher weißt du das?“
„Sie heißt Gudrun.“

**Ihr kennt das:
Die Hand voller Asse,
aber das Leben spielt Schach.**

Selbstgespräche sind
kein Grund zur Sorge.
Ernst wird es erst,
wenn man dabei etwas Neues erfährt.

Man soll ja kein Streusalz
mehr verwenden. Ich nehme
jetzt die Asche von Tante Waltraud.
Die war so hässlich, da ist
noch nie einer drübergerutscht.

Welches Wort fängt mit
„PE" an, hat ein „N" in der Mitte
und hört mit „IS" auf?
Personalausweis, natürlich!

Warum hängen bei Zahnärzten
immer Zähne im Fenster?
Bei Gynäkologen hängen
doch auch keine ...
Ach, lassen wir das!

Stiftung Warentest hat Besteck getestet.
Das Messer hat am besten abgeschnitten.

Meine Ziele im neuen Jahr:
1. Wieder so schlank
und trainiert werden
wie vor dem Unfall.
2. Aufhören, schlechte Ernährung
und Faulheit „den Unfall"
zu nennen.

Manchmal wenn mir langweilig ist,
gehe ich in Asia-Restaurants
und überklebe das „N" von
„Nudelsuppe" mit einem „P".

Kotzen ist eine Entscheidung
aus dem Bauch heraus.

Ich wusste lange nicht,
was „Komasaufen" ist.
Irgendwann hab ich es dann begriffen:
Auf dem Dorf haben wir immer
„Vorglühen" dazu gesagt.

Man soll nicht nur auf
das Äußere achten.
Salz schaut ja auch aus wie Zucker.
Deshalb immer erst anlecken.

Ich bin übrigens auch sehr gut
im vorwurfsvollen Atmen.

Normalität betrifft
mich nicht!

WIE NENNT
man EINEN
UNENTSCHLOSSENEN
japanischen
Krieger?
NUNja.

Deine Mutter denkt nachhaltig
und trinkt am Pfandautomaten
die Reste aus den Flaschen.

Heute das erste Mal im Jahr
die Wäsche draußen aufgehängt.
Das Angrillen der Hausfrau.

Ein herzliches „Leck mich"
und einen schönen Scheißtag noch!

Hauptsache, der Rand
des Nervenzusammenbruchs
ist schön knusprig.

Habe mich ausgesperrt.
Bin ganz aus dem Häuschen.

„Ich bin der Felix. Und du?"
„Dito."
„Ah, dann heißen wir gleich."

Dieter (25), aus Sachsen.
Wird für Felix gehalten.

Wenn alle Stricke reißen,
bist du zu dick für die Schaukel.

Nach dem 5. Kaffee setzt
das Eichhörnchensyndrom ein.
Man ist zwar wach
und bewegt sich zackig,
vergisst aber ständig,
was man machen wollte.

„Meine Eichel ist größer als deine!"
„Na und? An meiner
ist noch das Hütchen dran."
Waldausflüge mit einer
1. Klasse haben ihre Tücken.

Es hat seinen Grund,
warum alle Teleskope, die
nach intelligentem Leben suchen,
von der Erde weggerichtet sind.

2 Worte.
1 Finger.

„Warum sollten wir ausgerechnet
Sie in unserer Abteilung
für IT-Sicherheit einstellen?"
„Weil ich mich selbst zum
Vorstellungsgespräch eingeladen habe."

Mit Müsli im Mund niesen.
So entstehen also Rauhfasertapeten.

„Bei dir sieht's aus,
als hätte eine Bombe
eingeschlagen."
„DAS IST
PENG SHUI."

Nichts zum Abendbrot da.
Werde wohl irgendeine Zimmerpflanze
mit Käse überbacken.

Kann es sein,
dass Frauen mehr darüber nachdenken,
was Männer denken,
als Männer überhaupt denken?

„Einmal lebenserhaltende
Maßnahmen, bitte."
„Können Sie sich nicht
wie jeder andere
einen Kaffee bestellen?"

Wie macht eine Nuss,
wenn sie niest?
Cashew!

Wäsche ...
Waschen: 40 Minuten
Trocknen: 60 Minuten
In den Schrank räumen:
7 bis 14 Werktage

Suche auf diesem Weg
einen Job als Katze.
Ich schlafe 16 Stunden am Tag,
mäkle am Essen rum
und kratze, wenn ihr nervt.
Gerne Vollzeit.

Das Blöde am Faulsein ist:
Du weißt nie, wann du fertig bist.

Herzrasen –
auch nur ein anderes Wort
für Brustbehaarung.

Früher wollte ich Busfahrer werden,
weil ich das Zischen beim Öffnen
der Türen so toll fand.
Und dann entdeckte ich das Dosenbier.

„Schatz, da liegt
ein fremder Mann im Flur."
„Ich weiß, bin heute im Homeoffice."
„Du bist Gerichtsmedizinerin."

Wenn man vom Lügen
und Schleimen wachsen würde,
könnten einige Leute im Sitzen
den Mond am Arsch lecken.

Ich habe mir letzte Woche
eine Klobürste gekauft,
aber irgendwie fand ich
das mit dem Papier besser.

**BRÜLLAFFEN** schreien umso lauter,
je kleiner ihre **HODEN** sind.
Wie ihr diese Information
auf **MENSCHEN** anwendet,
überlasse ich euch.

Stellt euch mal einen Horrorfilm
auf Schweizerdeutsch vor:
„Obacht, do spukt a Geistli im Hüttli!"

Wenn ein elektrischer Stuhl
mit Ökostrom betrieben wird,
ist das dann ein natürlicher Tod?

Nach meinem Tod werde ich
vermutlich sehr beschäftigt sein.
Die Liste der Menschen,
die ich als Geist heimsuchen werde,
wird immer länger.

„Ich würde das Haus ja kaufen,
aber ich habe gehört,
dass es hier spuken soll."
„Also ich habe noch keinen
Geist gesehen und ich wohne
schon seit über 500 Jahren hier."

Bei manchen Menschen
denkt man: „Hm!"

Bei einer Beerdigung
schmeiße ich den Kranz
immer nach hinten,
um zu sehen, wer der Nächste ist.

Lass mich in Ruhe
und lies dein Malbuch weiter!

Warum klaut Robin Hood Deo?
Er verteilt es unter den Armen.

Vielleicht bezeichnet das Wort
„Ehering" auch einfach
einen Fisch mit Elektromotor.

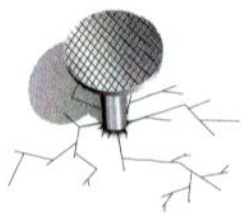

Wenn deine Frau dich
schweigend ansieht, ist das
keine absolute Stille.
Wenn du gut lauschst, hörst du
die Melodie des Films „Der weiße Hai".

„Warum möchten Sie
Bibliothekar werden?“
„Ich liebe es, Menschen zu sagen,
dass sie ihre Schnauze halten sollen.“

Ich bin heute so gut drauf,
ich könnte Konfetti kotzen.

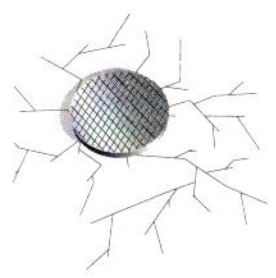

Ich fühle mich krank.
Habe gerade die Symptome
gegoogelt und ich glaube es ist
die Zylinderkopfdichtung.

Morgen zeige ich euch,
wie man mit nur wenigen
Handgriffen alles nur noch
viel schlimmer macht.

Hier Könnte ein
wahnsinnig nettes
Kompliment für
dich stehen.

Tut es aber nicht!

Manchmal ist das Leben wie Durchfall.
Scheiße, aber es läuft.

„Ich habe meine Frau geschwalbt …
ich meine geamselt.“
„Du meinst wohl gevögelt?“
„Was? Ach ne!
Erdrosselt, das wars!“

Liebes Dr. Sommer-Team,
wenn ich mich im Bürostuhl zurücklehne,
klappen meine Augen zu.
Bin ich eine Puppe?

Es lebe die S-Bahn
oder wie die Spanier sagen:
„Viva S-Bahn, ja!“

Hände desinfizieren –
der beste Weg,
kleine Kratzer zu finden,
die du vorher nicht
bemerkt hast.

## WENN ICH BUCHSTABENSUPPE ESSEN WÜRDE, KÖNNTE ICH SINNVOLLER KOTZEN, ALS DU LABERST.

Vergeben und vergessen?
Ich bin weder Jesus
noch habe ich Alzheimer.

Saugen, blasen oder
mit der Hand?
Wie bekommt man
Laub am schnellsten weg?

„Die Tür schließt manuell."
„Danke, Manuell!"

„Hi, du siehst nett aus!"
„Das täuscht."

Chantal hat drei Kinder.
Alle heißen Kevin.
Wie unterscheidet sie die drei Kinder?
Sie ruft sie beim Nachnamen.

„Was hindert dich eigentlich daran,
mal einfach du selbst zu sein?"
„Das Strafgesetzbuch."

Fragt er mich doch,
wie viele Kerle ich vor ihm hatte!
Ich: „Drei."
Meint er: „Ach, das geht ja!"
Ich: „Ja, war ein ruhiger Tag."

Ich kann für zwei Tage vorkochen
und noch alles am selben Tag aufessen!
Und was ist deine Superkraft?

Warum verdrehst du die Augen?
Suchst du dein Gehirn?

Hab nach der Party tiefgekühlte
Lasagne in den Ofen geschoben.
250 Minuten bei 15 Grad ...

Manchen Menschen würde ich
gerne den Kopf verdrehen.
Einmal ganz rum.

Irgendwann steht in einem Kochrezept:
„Zuletzt leicht anbrennen lassen."
Das wird meine große Stunde.

Heute war Schrottwichteln
im Kindergarten.
Wir sind die neuen Eltern von Kevin.

Ich bin vielleicht
nicht so witzig wie andere,
dafür aber unfreundlicher.

„Was machen Sie beruflich?"
„Ich studiere dual."
„Haben Sie mich gerade Aal genannt?"

„Du hast mich fast
zu Tode erschreckt."
„Ja, mein Fehler.
Nie bringe ich Dinge zu Ende!"

Hab aus Versehen
die Feuerwehr angerufen.
Muss jetzt schnell
mein Haus anzünden.
Stehe sonst wie ein Vollidiot da.

„Fragen Sie ruhig!
Es gibt keine dummen Fragen!"
„Ist das Gegenteil von Anja
eigentlich Ausnein?"

Ich habe heute so gute Laune,
ich möchte ganz viel Licht und Wärme
unter die Menschen bringen.
Mit einem Flammenwerfer.

Facebook ist wie eine Fleischtheke.
Irgendeine Wurst ist immer beleidigt.

Ich wurde gestern
aus der Bibliothek geschmissen,
weil ich ein Buch über Frauenrechte
in die Fantasy-Abteilung gelegt habe.

Ich küsste ihre Lippen.
Und ihre Schenkel
wärmten meine Ohren!

Manchmal denke ich mir nur:
„Hoffentlich bin ich bald besoffen!"

Manche Leute würde ich
für meine Hand ins Feuer legen.

**WAS FÜR EIN
WUNDERSCHÖNER
SCHEISSTAG!**

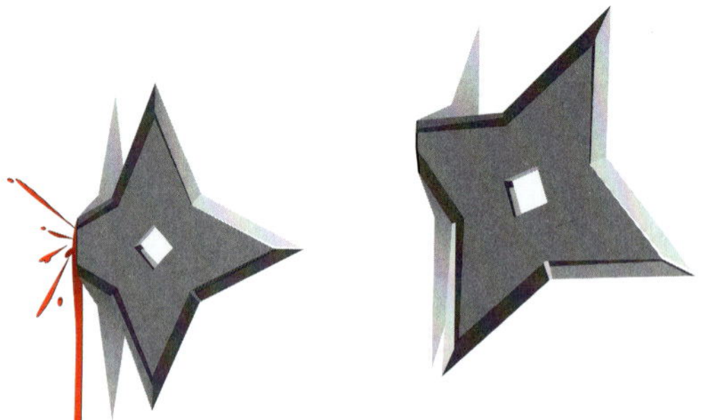

Ich habe versucht,
Plätzchen zu backen.
Es gibt Wurfsterne.

Einen Schlussstrich zieht man
am Besten mit Kreide.
Tatortkreide.
Um den Körper …

Polizist: „Guten Tag,
sie waren 30 km/h zu schnell.“
Besoffener Beifahrer brüllt
ins Handschuhfach:
„Schaffner an Heizhaus.
Eine Kohle weniger.“

„Was ist das für eine Farbe
auf deinem Penis?“
„Das ist Gliedschatten.“

Der Arzt hat gesagt,
ich solle meinen Kummer ertränken,
aber mein Mann
will nicht ins Wasser.

Was ich mit Batman gemeinsam habe:
– nicht verheiratet
– wenig Schlaf
– im Dunkeln aktiv
– trage oft schwarz
– sehe in Strumpfhosen scheiße aus

Ich bin manchmal hinterher
auch nicht schlauer.

„Muss ich irgendwas mitbringen?"
„Nur gute Laune."
Hab dann abgesagt.

Hackfleisch kneten
ist wie Tiere streicheln.
Nur später.

„Der badet gerade!"
Weshalb einige Kollegen nicht mehr wollen,
dass ich für sie ans Telefon gehe.

*Lieber im Meer baden, als in Arbeit schwimmen.*

# Unterm Strich ist alles besser.

## Ja, voll geil hier!

Wie nennt man einen Matrosen,
der sich nicht wäscht?
Meerschweinchen.

Ich habe die Couch jetzt
vor den Kühlschrank gestellt.
Die ständige Rennerei
macht einen ja fertig.

Tipp bei Hitze:
BH ausziehen, für 20 Minuten
ins Eisfach legen und wieder anziehen.
Aber nicht im Supermarkt!

Das Schönste an
meinen Problemen
ist diese Vielfalt.

**Wofür stehst du morgens auf?**

( ) Um die Welt zu retten

( ) Um Menschen happy zu machen

(X) Um nicht ins Bett zu pinkeln

Manchmal sollte man die
Gelassenheit eines Stuhles besitzen.
Der muss auch mit
jedem Arsch klarkommen.

Manchmal sehe ich Menschen an
und es drängt sich mir einfach
die Frage auf: „Ernsthaft?
Das soll das Spermium sein,
das gewonnen hat?"

Mit nur 12 % Akku
das Haus verlassen.
Man muss auch mal
was riskieren im Leben.

Man sollte Gretel
wegen ihres Vornamens
nicht hänseln.

Deine Mutter steht vor
der Glastür und guckt
durchs Schlüsselloch.

Es ist beeindruckend,
wie viele Probleme sich
lösen lassen, indem man
wirklich miteinander redet,
sich zuhört und den anderen
dann erschießt.

Was ist rot und schlecht
für die Zähne?
Ein Ziegelstein.

Ich dachte, bei Gewitter
kann im Auto nichts passieren.

*Chantal (14), ist jetzt schwanger*

Darf man überhaupt noch
„alter Schwede" sagen
oder heißt das jetzt
„lebenserfahrener Mittelskandinavier"?

Warum verläuft sich der Henker
auf dem Heimweg?
Weil er nur die Hinrichtung im Kopf hatte.

In Krisenzeiten suchen
Intelligente nach Lösungen,
Idioten suchen nach Schuldigen.

Einfach mal, wenn wieder
jemand Unbekanntes anruft,
so ans Telefon gehen:
„Elefantenjagdverein
‚Tötet, was trötet',
wie kann ich Ihnen helfen?"

Beim Date:
„Ich suche nach nichts Festem."
„Dann werden dir
meine Oberschenkel gefallen."

Die Autoscheiben
sind von innen gefroren.
Enteisungsspray versprüht.
Habe jetzt einen
**LILA BERGGORILLA**
als Beifahrer.
Werde ihn
**MANFRED**
nennen.

Ich bin eigentlich nicht lustig.
Ich bin gemein und die Leute denken,
dass ich Witze mache.

Bei jedem „FUMP"
vom Staubsauger sag ich mir:
„Ganz ruhig.
Wir haben keinen Hamster
und die Kinder sind zu groß."

Lust auf schmutzige Dinge?
Komm zu mir!
Wohnung putzen!

**HIRN war alle.
Gab nur noch
GROSSE FRESSE.**

Tatsächlich bleibt der
plötzliche Hirntod bei vielen
Menschen jahrelang unerkannt.

„Ich kündige mein Abo!"
„Das ist ein Arbeitsvertrag."

Mein Freund sagt,
er habe nicht genug Geld
für mein Geburtstagsgeschenk,
hat aber noch beide Nieren.
Was soll ich tun?

Man kann ja
über fast alles lachen.
Nur nicht mit jedem.

„Warum sagst du gleich ‚Nein‘,
wenn man dich etwas fragt?“
„Ich habe mal spontan
‚Ja, ich will‘ geantwortet. Und …“
„Verstehe.“

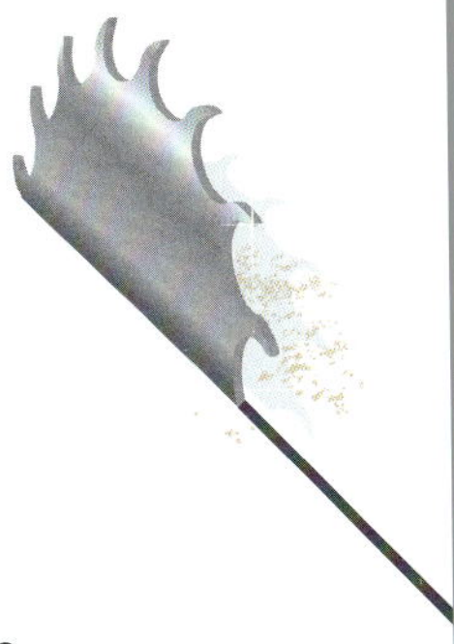

Schleudertrauma
vom Kopfschütteln im Job.
Gilt das als Arbeitsunfall?

So, alle Rechnungen bezahlt.
Kurze Frage: Hat jemand eine Idee,
wo ich die nächsten 3 bis 7 Wochen
mitessen könnte?

Hiermit möchte ich mich
bei allen 30-Jährigen entschuldigen,
die ich als alt bezeichnet habe,
als ich 18 war.

Meine Frau sagt, ich behandle
eins unserer Kinder unfair.
Ich weiß gar nicht, welches sie meint:
Philipp, Paul oder das fette hässliche?

Laut einer japanischen Legende heißt es:
„Wenn du in der Nacht nicht schlafen kannst,
liegt es daran, dass du wach bist."

Ich kenne einen Bahnwitz,
aber ich weiß nicht ob er ankommt.

„Was wollen wir kochen?"
„Irgendwas Schnelles."
„Geparden?"

Manchmal bin ich
wie eine *Fee*.
Eine Katastro*Fee*.

„Du schnarchst!"
„Ich schnurre."
„Du schnurrst aber sehr laut."
„Dann bin ich eben eine Wildkatze."

Früher hat man in der
Werbepause Pipi gemacht.
Heute kann man während der
Werbepause ein Facharztstudium
zum Urologen machen.

Der Nachbar ist gerade vor mir
die Treppe heruntergefallen
und liegt jetzt so rum.
Der Arme.
Hab ausnahmsweise mal gegrüßt.

Mein lückenhaftes Wissen
über die griechische Mythologie
ist mein Achillespferd.

Mach's wie die Möwe:
Alles aus der Distanz beobachten
und einfach drauf scheißen!

3 magische Worte.
13 Buchstaben.
Leicht zu buchstabieren,
oft schwer zu sagen
und doch so wichtig:
„Halt die Fresse!"

Verschlafen ist doch auch bloß
eine Schutzfunktion des Körpers,
damit beschissene Tage
nicht zu lang werden.

Schönheit kommt von innen.
Kotze aber auch.

Warum brauchen sich Frauen
über 30 nicht zu verstecken?
Weil niemand nach ihnen sucht!

Hallo, das ist Steve,
mein Bruder.
Er ist mein Stevebruder.

Ich war heute das erste Mal
seit fast 4 Monaten bei meiner Oma.
Jetzt bin ich satt,
habe den halben Vorratsschrank
im Rucksack und 200 Euro in der Tasche.
Schade, dass sie nicht
daheim war.

Es gibt Tage, da denkst du,
dass es einfacher ist,
Einhörner zu finden
als gesunden Menschenverstand.

Ist mir egal, ob du weiß, schwarz,
schwul, lesbisch, dick oder dünn bist –
ich hasse Menschen generell!

Eine alte Frau beim Arzt:
„Wo ist denn eigentlich das Herz?"
Arzt: „2 cm unter den Brustwarzen."
Schlagzeile am nächsten Tag
in der Zeitung: „Frau wollte
Selbstmord begehen und
schoss sich ins Knie."

Was ist ein Mann zwischen zwei Frauen?
Eine Bildungslücke.

Die Stämme der alten Azteken
opferten ihre Anführer den Göttern
für den Fall einer Hungersnot
oder Pandemie. Das ist
keine Anspielung, sondern
nur ein Sprichwort.

Was waren Kevins härteste zehn Jahre?
Die Grundschule.

Was ist der Unterschied
zwischen einem Arzt und einem Polen?
Der Pole weiß, was dir fehlt.

Wenn mir Leute sagen:
„Das wirst du schon
morgen früh bereuen."
Schlafe ich einfach
bis mittags, weil ich
ein Problemlöser bin.

Und da sitzen sie wieder
in ihren Gärten, vor dem
Weber Grill für 789 Euro und
grillen den Zehnerpack Würstchen
für 99 Cent.

Ich bin heute so romantisch.
Ich könnte vor lauter LIEBE
glatt vom Eiffelturm kacken,
wie so eine Taube.

Sei wie eine Taube –
SCHEISS AUF ALLES!

Ich: „Und, was machen wir
beide heute noch?",
und beiße sexy in eine Banane.
Er: „Man schält die,
bevor man die isst."

Mit dem englischen Satz
„Die in hell!" kann man
in Deutschland Schuhe bestellen.

Meine Erwartungshaltung ist Liegen.

Als Gott die Erde erschuf,
sagte er: „Einen perfekten Mann
findet man an jeder Ecke",
und dann machte er die Erde rund.

Zwei Hasen unterhalten sich.
Sagt der eine: „Ich bin ganz Ohr."

„Du bist ein guter Zuhörer."
„Nein, deine Dummheit
macht mich nur sprachlos."

Was macht man, wenn man
auf der Autobahn nicht mehr weiß,
wo man ist?
Umdrehen und das Radio anmachen.

Ein Egoist ist eine Person
minderen Geschmacks,
die mehr an sich interessiert ist
als an mir.

Pläne –
die Running Gags des Lebens.

Ich habe gerade
ein Blatt gelocht.
Nur mal so
am Rande.

Wie dumm bist du?

( ) A.) Sehr
( ) B.) A
( ) C.) B

Wenn du niest und
gleichzeitig pupst,
macht dein Körper
einen Screenshot.

Fahrradfahren ist veganes Reiten.

Nach zwei Stunden babysitten
glaube ich, ich möchte
doch keine Kinder, sondern lieber
etwas Harmloseres.
Krokodile oder Löwen vielleicht.

Mein Sohn hat gefragt,
was Steuern sind.
Da habe ich ihm 47,5 %
seiner Milchschnitte abgebissen.
Jetzt weint er.
Ich glaube, er hat es verstanden.

Letztens gehe ich besoffen
nach Hause, da steht plötzlich
die Straße auf und klatscht mir eine.

„Sehr gerne!“ –
das „Leck mich“ bei der Arbeit.

„Hast du eigentlich
irgendetwas zu essen da,
was nicht dick macht?“
„Ich könnte uns Eiswürfel auftauen.“

Ist ein Förster nach der
Fortbildung Waldmeister?

„Sagen Sie mal, haben Sie etwa gepupst?“
„Natürlich – glauben Sie etwa,
ich rieche immer so?“

Ich habe genug Geld, um bis
an mein Lebensende gut zu leben.
Vorausgesetzt, ich sterbe
nächsten Donnerstag.

Was sind Fische, die vorbeugen?
Profi-Lachse.

Ich habe meinen Wecker
jetzt auf Applaus umgestellt,
damit auch endlich mal
wertgeschätzt wird, dass
ich so früh aufstehe.

„Alter, ich weiß nichts mehr
von gestern Abend.
Irgendjemand muss mir
etwas ins Glas getan haben."
„Ja, der Barkeeper.
So ca. 30-mal."

Ich wünsche allen Skinny Jeans
tragenden Männern
mit gezupften Augenbrauen
alles Gute zum Weltfrauentag.

Ich (fast einen Antrag machend):
„Wäre es nicht schön, wenn nur
ein Name auf der Klingel stehen würde?"
Sie: „Dafür musst du nur ausziehen."

Was machen Pilze auf einer Pizza?
Als Belag fungieren.

„Und Sie haben?"
„Tourette."
„Wir melden uns bei Ihnen."
„Alles klar, ihr Fotzen."

Ich arbeite als Personal
Escape Room Assistant
für extrem Minderjährige.

Tina (51), Hebamme
mit einem tollen Humor!

Du hast zwar recht,
aber meine Meinung
finde ich trotzdem besser!

In der Hölle bekommt man
sicherlich einen persönlichen Idioten
zugewiesen, mit dem man dann
den ganzen Tag diskutieren muss.

So einen unmotivierten Tag
wie heute hatte ich seit
gestern nicht mehr!

Der Tod ist möglich,
helfen kann es aber auch.
Jeder Beipackzettel, kurzgefasst.

Was steht auf dem Grab
eines Uhrmachers?
Seine Zeit war abgelaufen.

Verständnis ist aus!
Ab jetzt gibt es Konsequenzen!

Die 5 Phasen von „Morgen ist Montag“:
1. Nicht-wahrhaben-wollen
2. Es war doch gerade erst Freitag?
3. Wuttränen
4. Depressionen
5. Verdrängung

Im Supermarkt Kondome gekauft, um fremdzugehen. Habe trotzdem Treuepunkte bekommen ...

Manchmal ist es leichter, die Nachbarn statt das Kriegsbeil zu begraben.

Mürrisch.
Müde.
Schlecht gelaunt.
Perfekt!
Ab zur Arbeit.

„Freust du dich auf die Arbeit?“
„Ich muss dem Einhorn
in der Mittagspause die Mähne färben.“
„Willst du mich verarschen?“
„Du hast doch angefangen.“

„Du wirkst immer so desinteressiert
bei unseren Unterhaltungen.“
„Ja, wäre schön. Machen wir so.“

War heute beim Psychologen.
Alles soweit okay.
Er schickt mir die Medikamente
morgen mit der Spedition raus.

Mit meiner Jogginghose
bin ich ungefähr so oft gejoggt,
wie ich mit der Küchenrolle
durch die Küche gerollt bin.

„Um die 40“ ist ein magisches Alter:
Man hat bereits eine Lebenshälfte
voller Geldsorgen und
Beziehungsproblemen
hinter sich und jetzt wartet
eine weitere Lebenshälfte voller
Geldsorgen, Beziehungsproblemen
und Rückenschmerzen.

Es kommt noch schlimmer,
als man denkt!

Du kannst viel Gutes auf der Welt bewirken,
indem du einfach den Mund hältst.

Steht ein Mann nackt
vor dem Spiegel und sagt:
„90 Kilo lebendes Dynamit.“
Darauf die Frau:
„Beunruhigend ist nur
die verdammt kurze Lunte!“

Egal wie sauer du bist,
Dinos sind Saurier.

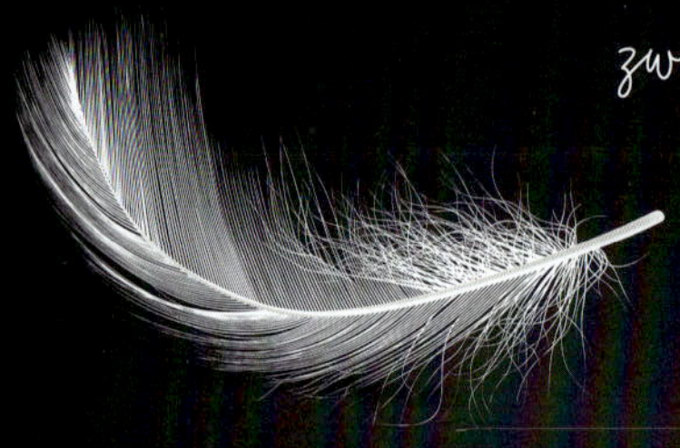

*Ich hatte gerade
zwei Federn im Haar.
Ich glaube,
es ist so weit:
Der Vogel
will raus.*

Hausfrauentipp Nummer 325:
Reis klumpt nicht, wenn
die Körner einzeln gekocht werden.

Wenn sie fragt:
„Schatz, kann ich so rausgehen?",
dann ist: „Klar, ist ja schon dunkel!",
wohl die falsche Antwort.

Muss dringend einkaufen.
Hab nur noch Licht im Kühlschrank.

In Bierwurst ist gar kein Bier drin!
Die heißt nur so.
Bei Blutwurst ist das ähnlich ...
Da ist auch kein Bier drin!

Meine Lieblingsfarben sind:
– Schwarz
– Dunkelschwarz
– Hellschwarz
– Tiefschwarz
– Blauschwarz

Einmal mit Profis war früher.
Heute reicht mir schon
ein Tag ohne Idioten!

Muss mal wieder die Beine rasieren,
das Föhnen dauert viel zu lang.

**Natürlich denke ich oft an dich!**

# jeder ist zersetzbar!

Andere haben heimliche Affären.
Ich reinige Dinge mit Glasreiniger,
die gar nicht aus Glas sind.

Der häufigste Satz
in Beziehungen ist nicht
„Ich liebe dich“, sondern
„Was wollen wir heute essen?“

Manchen Menschen wünsche ich
Dauer-Durchfall, kurze Arme
und kein Klopapier!

Ich bin nicht klein,
ich bin ein Konzentrat.

Was macht ein Zombie am Strand?
Auf der faulen Haut liegen.

Eine Studie besagt,
dass es in jedem Freundeskreis
einen möglichen Serienkiller gibt.
Ich habe Frank vor den Zug geschubst.
Nicht dass er uns
noch alle umbringt!

Wenn ihr mich mal
rennen seht, folgt mir!
Entweder ist gerade
eine Zombieapokalypse ausgebrochen
oder es gibt Kuchen.

Ich lebe in ständiger Angst,
dass jemand meiner Schwiegermutter
etwas antut. Sie lebt ganz alleine:

Lieber ein paar Kilos zu viel
als ein paar Gehirnzellen zu wenig!

Ich glaube, du hast
deine Schwiegermutter
um Haaresbreite verpasst.
Du solltest schnell
noch mal nachladen.

War gerade einkaufen ...
Vor dem Getränkemarkt standen
ein paar pubertierende Jungs.
Welche Eltern nennen ihre Söhne bloß
Opfer, Alter, Digger und Schwör?

Die Familie, die von
Fertiggerichten für 2–3 Portionen
satt wird, fuhr gerade in ihrem
Tretauto an mir vorbei.

Lass uns Fremde bleiben!

„Wo sind Ihre Kollegen?"
„Feierabend."
„Und warum ist hier überall Blut?"
„Ketchup."
„Ich glaube Ihnen nicht!"
„Wollen Sie auch Feierabend?"

Das Schlimmste an
der heutigen Jugend ist ja,
dass ich nicht mehr
dazugezählt werde.

Mein Hamster hat
eine Bindehautentzündung!
Die Salbe kostet 18 €
und ein neuer Hamster 8,60 €.
Wirtschaftlicher Totalschaden.

Behandle das Problem so,
wie es ein Hund tun würde:
Wenn du es nicht essen
oder damit spielen kannst,
dann pinkle drauf und geh weiter.

Ich habe so viel über
die Auswirkungen von
Rauchen, Trinken und Sex gelesen –
daher habe ich beschlossen,
mit dem Lesen aufzuhören!

Was ich an den meisten Menschen
wirklich mag, sind ihre Hunde.

„Was für Hobbys
haben Sie?"
„Ich zaubere gerne."
„Haben Sie gerade
die ganze
Packung Kekse
gegessen?"
„Fimffalabim!"

Ihr tägliches Nervenkostüm
wurde bereits aufgebraucht.
Sie fluchen nun mit
erhöhter Geschwindigkeit.

Am Einräumen der Geschirrspülmaschine
erkennt man deutlich, wer als Kind
Tetris oder Blindekuh gespielt hat.

„Jeder isst so viel er kann,
nur nicht seinen Nebenmann!“
Der einzige Ernährungstipp,
den ich konsequent
seit 23 Jahren befolge.

Habe gestern den Zeitungsjungen verprügelt,
denn wer austeilt,
muss auch einstecken können.

„Mein Kind isst kein Fleisch.
Womit kann ich es ersetzen?“
„Mit einem Hund,
Hunde essen gerne Fleisch.“

Gerade gegoogelt, ob man
im Flugzeug lieber hinten
oder vorne sitzen soll.
Antwort im Netz:
„Ich rate jedem, vorne zu sitzen.
Wenn der Flieger abstürzt,
rollt der Getränkewagen
nochmal vorbei.“

Seit sich alle die Hände waschen,
haben die Nüsse in der Bar
keinen Geschmack mehr.

# AUCH EINE SEXBOMBE KANN ENTSCHÄRFT WERDEN! ABSCHMINKEN REICHT OFT SCHON!

Normalität
betrifft mich nicht.

Ich dusche mit einem Duschgel,
das Meersalz beinhaltet.
In meinem Alter ist es eher
der Versuch, zu pökeln, um
etwas haltbarer zu werden.

Generell sollte mir bei
katastrophalen Entscheidungen
immer ein Streichquartett
zur Verfügung stehen.

Ein Ledersofa ist auch nur eine Kuh,
die vermöbelt wurde.

Was ist der Unterschied zwischen
einem Joghurt und Amerika?
Wenn man Joghurt
200 Jahre lang alleine lässt,
entwickelt sich eine Kultur!

„Ich muss zugeben,
ich hätte nie gedacht,
dass unser Kind es mal so weit schafft!"
„Ich auch nicht."
„Das Katapult ist echt geil!
Hol mal die Katze!"

Einen Dreier zu schieben,
ist schwerer, als man denkt!

*Hakan (23), hat vergessen zu tanken*

Sämtliche Fehlentwicklungen im Land
sind darauf zurückzuführen,
dass das Volk meine Reden verpasst,
weil mein Balkon nach hinten rausgeht.

Außerirdische landen auf der Erde.
USA: „Bock auf Krieg?"
China: „Wie habt ihr das gemacht?"
Deutschland: „Ausweise und
Landeerlaubnis, bitte."

In den USA kannst du eine Stunde
in eine Richtung fahren und du hast
nicht mal den Bundesstaat verlassen.
Wer in Deutschland eine Stunde
in eine Richtung fährt,
wird mit drei Bundesländern,
vier verschiedenen Bezeichnungen
für „Berliner" und sieben
Dialekten konfrontiert.

Warum einen Lappen kaufen,
wenn man selber einer ist!

Guten Morgen.
Es ist leck-mich-am-Arsch Uhr
und ich bin oaar-halt-die-Fresse fit,
an diesem wunderschönen
lass-mich-bloß-in-Ruhe Montagmorgen.

Du bist kein Arschloch.
Arschlöcher sind überlebenswichtig.
Du bist mehr so der Blinddarm.

„Allgemeinbildung?“
„Exzellent!“
„Was sagt Ihnen Richard Wagner?“
„Ich liebe seine Steinofenpizza!“
„Wir melden uns!“

Mein Duschkopf hat drei Einstellungen.
Eine zum Duschen,
die andere, um Granit zu schneiden
und die dritte. Mit der
kannst du eine Großdemo auflösen.

Alles, was ich über Auspeitschungen weiß, habe ich beim automatischen Einrollen meines Staubsaugerkabels gelernt.

Für viele kommt es überraschend, dass die ganz vorne in der Schlange der Eisdiele plötzlich Eissorten auswählen müssen.

Eigentlich wurde ich gut erzogen. Keine Ahnung, was danach passiert ist.

WENN IN DER NACHBARSCHAFT JEMAND GRILLT, KANN ICH NACHVOLLZIEHEN, WIE SICH HAIE FÜHLEN, WENN BLUT IM WASSER IST.

Die Bahn fällt aus wegen zu viel Kälte.
Die Bahn fällt aus wegen zu viel Hitze.
Die Bahn fällt aus wegen zu viel Wind.
Ich vermute ja, in der Betriebsanleitung steht:
Nicht benutzen bei Wetter!

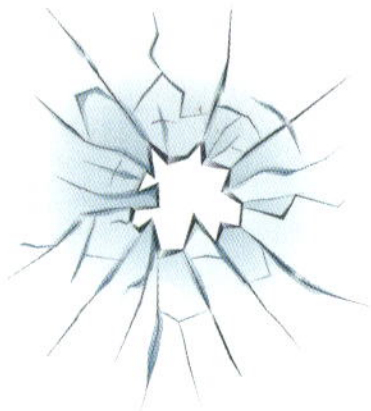

Entschuldigung,
ist hier der falsche Ort
zur falschen Zeit?

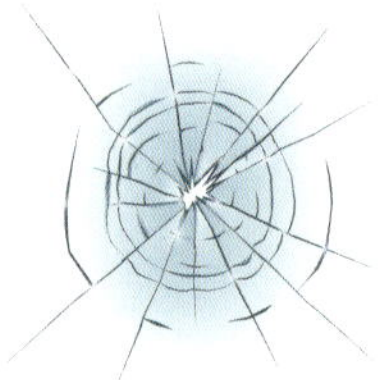

Da rufe ich ihn an,
um zu fragen, ob wir
unser Dreijähriges feiern wollen
und er legt fluchend auf.
Bedeutet ihm unsere Trennung
denn gar nichts?

Ich trage jetzt keine Brille mehr –
ich habe genug gesehen.

Ich besuche gerade meine Eltern
und mein Vater löst eiskalt den
Gutschein für „Einmal staubsaugen" ein,
den ich ihm 2004
zum Geburtstag geschenkt habe.

Ich bin der Einzige,
der regelmäßig versucht,
meine Passwörter zu knacken.

„Wie werde ich dich erkennen?"
„Du wirst einen Mann
auf dich zukommen sehen
und dir denken: ‚Bitte nicht der!'
Das bin ich."

Ich bin heute irgendwie
mit dem falschen Wein aufgestanden.

Soll ich Sie duzen, siezen,
bitchen, altern oder diggern?

„Bist du aufgeregt?"
„Schon ein bisschen ..."
„Ist es dein erstes Mal?"
„Nein, ich war schon mal aufgeregt."

Habe 4 Flaschen Wein getrunken
und kann immer noch stehen,
obwohl das Haus umgekippt ist.

Es gibt Tage,
die kosten dich Jahre.

Es gibt diese Frauen,
die Rosen wollen und Kerzenlicht.
Und es gibt mich.
Ich bin in etwa so romantisch
wie Dosenbier.

Karma-Punkte bekomme ich heute dafür,
dass ich nicht laut gesagt habe,
was ich denke ...

Sobald ich ein Piratenschiff
mit WLAN finde,
bin ich sowas von weg hier.

Das Glück der Erde
liegt im Betäubungsmittel der Pferde.

Ob ich ein inneres Kind habe,
weiß ich nicht.
Aber einen inneren Irren hab ich!

Lerntipp:
Mach eine Pause.
Steh auf und streck dich.
Geh spazieren.
Fahr zum Flughafen und
steig in ein Flugzeug.
Komm nie wieder!

In jedem MANN
steckt etwas GUTES.
Und wenn es nur
das KÜCHENMESSER ist.

Klar gibt es viele Frauen,
die schöner sind als ich.
Aber find mal eine,
die so unsympathisch ist.

Die meisten sind mir
intulek... intil... äh,
klugisch nicht gewachsen.

Der Ernst des Lebens beginnt,
wenn du keine gratis Wurstscheibe
mehr an der Fleischtheke bekommst.

„Was machst du da?"
„Ich tanze meine Gefühle für dich."
„Du zeigst mir einen Mittelfinger."
„Gefühle tanzen ..."

Wenn deine Frau
schwanger ist, streicheln alle
ihren Bauch und sagen:
„Herzlichen Glückwunsch!"
Aber keiner rubbelt
deinen Penis und sagt:
„Gut gemacht!"

Sonnenaufgänge sind ja echt wunderschön,
liegen aber zeitlich total ungünstig.

Am Rande des Wahnsinns
sind noch Liegestühle frei.

Es ist gar nicht so leicht,
mich wütend zu machen.
Aber wer das schafft,
kriegt auch was geboten.

Da leckt man einmal
das Messer ab und sofort
gucken alle so komisch.

*Thomas (34), Chirurg*

Ich will nicht sagen,
dass ich gerade bei meiner
Gymnastik nicht so motiviert bin,
aber gerade kam einer
und zog mit Kreide
meine Umrisse nach.

Am kältesten ist es da,
wo es am draußesten ist.

Auf meine Beschwerde,
das Licht im Klo gehe dauernd aus,
sagte mein Chef,
dass der Timer auf 30 Minuten stehe
und ihm das ausreiche.

WUSSTET IHR, DASS DIE FLAMME EINER KERZE NACH VERBRANNTEN NASENHAAREN RIECHT?

Wenn Dummheit leuchten würde,
hätten wir ein Energieproblem gelöst!

Am Auto leuchtet eine Warnleuchte.
Ich öffne die Motorhaube,
schaue hinein und frage mich,
was ich da eigentlich tue.
Es gibt exakt zwei Defekte,
die ich erkennen könnte:
1. Der Motor ist weg
2. Der Motor brennt

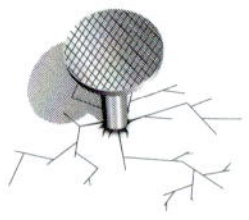

Dinge, über die man sich
als Erwachsener freut:
Eine Steckdose, die so liegt,
dass man die gesamte Wohnung
staubsaugen kann, ohne
umstöpseln zu müssen.

Neulich im Zug.
Ich saß auf einer Zeitung,
als mich ein Mann fragte:
„Lesen Sie die gerade?"
Fasziniert von dieser dummen Frage,
stand ich auf und sagte:
„Ja!", blätterte um und
setzte mich wieder.

Der Unterschied zwischen
Mann und Frau:
Wenn eine Frau sagt:
„Riech mal!", dann riecht es
meistens gut.

Laut einer Studie
sind Männer mit Bart attraktiver
als Frauen mit Bart.

Mir ist heute unbegreiflich,
wie ich mich als Kind
gegen den Mittagsschlaf
wehren konnte.

Unfruchtbarkeit ist erblich.
Wenn deine Eltern keine Kinder hatten,
wirst du auch keine bekommen.

Für keinen läuft es immer gut.
Manche stolpern nur clever.

Sarkasmus:
Weil es nicht erlaubt ist,
dumme Leute zu schlagen.

Was von meinen Taten
am ehesten einem Mord
nahekommt, ist, einen Keks
so lange in meinen Kaffee
zu tunken, bis das Blubbern aufhört.

Der Unterschied zwischen einem
Wellensittich und einem Hamster?
Der Wellensittich macht
im Staubsauger „Flop".
Und der Hamster „Fump".

Niemand mag Menschen,
die morgens direkt
das große Licht anmachen.

Es ist hart,
ein Diamant in einer Welt
voller Klosteine zu sein.

Ich finde es super, dass
sich die Meinung innerhalb
eines Satzes ändern kann,
ist doch scheiße.

Wasser ist immer
eine Lösung;
– Wenn du abnehmen willst,
trink Wasser.
– Wenn du dich unwohl fühlst,
nimm ein Bad.
– Wenn er nervt, ertränk ihn.

Mein Kind durch die Pubertät
zu begleiten, lässt mich verstehen,
warum einige Tiere
ihre Jungen fressen.

Ich bin Optimist.
Das heißt aber nicht,
dass ich mehr gebacken kriege
als andere. Ich laufe halt nur
fröhlich pfeifend ins Verderben.

Manche Gespräche sind so zielführend
wie zwei Tage Kreisverkehr.

Wenn jemand deine Gefühle
nicht erwidert, sei nicht traurig.
Gib ihm einen Kuss auf die Wange,
flüstere: „Schade“, und zünde ihn an.

Danke an die Person,
die mich darauf hingewiesen hat,
dass Nudelauflauf zweimal
das Wort Lauf beinhaltet.
Ich werde es nie wieder
normal lesen können.

Ich fahre zur Hölle.
Braucht ihr was?

Manchmal bin ich von
meiner Intelligenz total begeistert.
Und manchmal …
manchmal suche ich
den Autoschlüssel, obwohl ich
schon im Auto fahre.

Ich bin viel besser gelaunt,
wenn ich schlafe.

Es heißt nicht mehr „dumm", sondern
„Person mit gedrosselter Leistung".

„Wie heißen Sie?"
„Manuel Crzwickowskyij."
„Wie schreibt man das?"
„M-A-N-U-E-L.
Und Crzwickowskyij, wie man es spricht."

„Mama, der Tannenbaum brennt!"
„Das heißt: Der Tannenbaum leuchtet!"
„Schau mal, Mama, jetzt
leuchtet die Gardine auch."

Was bekommt ein Kannibale,
der zu spät zum Essen kommt?
Die kalte Schulter.

Nehmt die Stöcke aus dem Arsch.
Wir machen ein Lagerfeuer!

Das wird schon wieder.
Irgendwann.
Vielleicht.

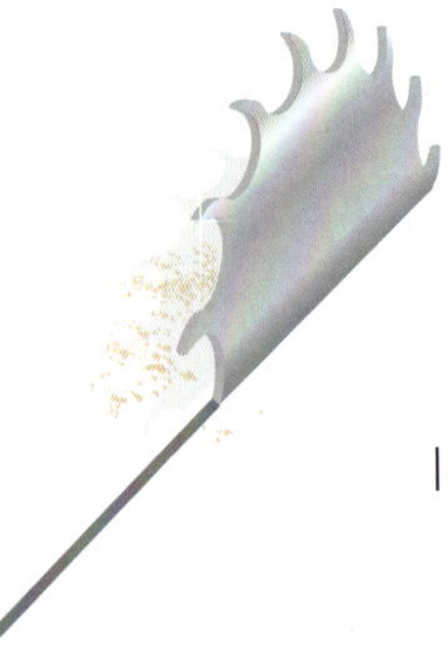

Draußen sind es 5 Grad plus
und es ist alles grün.
Ich kann so nicht Schnee schieben.

„Wer hat den Teufel an die Wand gemalt?“
„Liebling, das ist ein Spiegel.“

Das Wichtigste am

# KNACKARSCH

ist das „N".

Wie man eine Beschwerde korrekt beginnt:
„Sehr geehrte Damen und Herren,
zunächst sollten Sie wissen,
dass ich diese Nachricht
mit meinem Mittelfinger tippe."

Mein Sarkasmus-Level
bei der Arbeit ist inzwischen
so hoch, dass selbst ich
nicht mehr weiß, ob ich es
ernst meine oder nicht.

Ich habe das schon verstanden.
Ist mir nur egal!

„Bah, das schmeckt ja widerlich!
Warum trinken die ganzen Reichen das?"
„Die trinken Schampus,
nicht Shampoos!"

Es gibt zwei Arten von Menschen.
Ich hasse sie beide.

Meine Oma hat einen
neuen Kalender bekommen.
Beim Eintragen der Geburtstage sagt sie:
„Och, die Margot ist schon 95.
Die trag ich mal lieber mit Bleistift ein."

Wenn es schnell genug geht,
kann ich auch geduldig sein.

Mein Zahnarzt hat mir
gesagt, dass ich
eine Krone brauche.
Endlich jemand,
der auf meine
Bedürfnisse eingeht.

Arbeiten?
Schon wieder?
Habe ich doch gestern erst gemacht.

Nicht vergessen:
Heute Nacht ist der Mond
von der Erde aus sichtbar!
Das letzte Mal gab es
diese Konstellation gestern.

Manchmal bin ich so kompliziert,
dass ich mich selbst nicht verstehe.

Manchmal sehe ich Leute an
und frage mich:
„Hat das Irrenhaus heute Wandertag?“

Die drei rosa Elefanten
und ich sind uns einig:
Die Waldpilzmischung
war sehr lecker!

Witze über Tofu
finde ich völlig geschmacklos.

„Wo ist meiner?"
„Du hast meinen!"
„Du bist in meinem."
„Der geht nicht rein!"
„Ich bin drin."
Wenn sich Personen hinten
im Auto anschnallen.

Wussten Sie schon,
dass eine kleine Biene
an einem einzigen Tag
mehr Honig sammelt als
ein ausgewachsener Elefant
in einem ganzen Jahr?

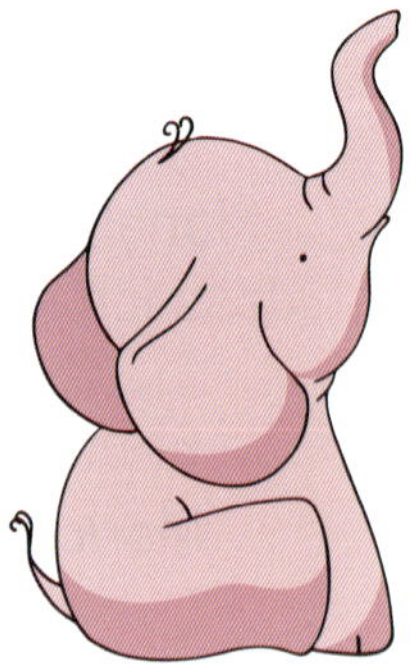

Was heißt „Separee“ auf Hochdeutsch?
„Josef, ein Rehwild.“

„Lena, hast du nicht Lust,
mit dem Elektroelefanten zu spielen?“
„Mama, ich bin 13,
du kannst mir ruhig sagen,
dass ich staubsaugen soll.“

Beziehung ist, wenn du dich
auf bestimmte Sachen
im Kühlschrank freust,
die dann weg sind.

„Ich habe mein Kind im
Kaufhaus verloren, dürfte ich
bitte eine Durchsage machen?“
„Ja, natürlich!“
„Tschüss, Torben, du Lauch!“

Das Problem liegt ja darin,
dass die Leitung meiner Mitmenschen
scheinbar immer länger wird,
während sich meine Zündschnur
parallel dazu verkürzt.

Ein bisschen mehr Ernst
täterätäte uns gut.

Falls dir heute noch niemand
gesagt hat, wie hübsch du bist,
viel Glück für morgen.

Vielleicht muss man manchmal
einfach über den Dingen stehen.
Oder man legt sich drauf
und wartet, bis sie nicht mehr atmen.

Es heißt übrigens Händedruck.
Und nicht: Ich habe
eine Fischflosse und flutsche damit
an deiner Handfläche entlang.

»Dieser Frühling ist
wirklich atemberaubend!«

Lisa (24), leidet an Heuschnupfen

Die Glatze ist eine ausgefallene Frisur.

Warum gibt es bei einem Toaster
die Stufe 6?
Als ob jemand sagt:
„Heute habe ich mal Lust
auf Asche mit Butter."

Nein, nein, die sind nicht kalt!
Das sind Erfrischungsfüße!

Habe endlich herausgefunden,
warum ich auf Fotos
immer so scheiße aussehe.
Es ist mein Gesicht.

Liebe ist eine biochemische Reaktion.
Ähnlich wie kotzen.

Ich: „Ich bin müde."
Gehirn: „Okay."
Ich: „Schlafen wir."
Gehirn: „Okay."
Gehirn: „Wie viele
Chamäleons muss
man tragen, um
unsichtbar zu werden?"

Krass!
Noch ein Tag,
dann ist morgen!

„Hallo, ich hätte gerne
eine Packung Druckerpapier."
„Für den Drucker?"
„Nein, wir sitzen im Büro
einfach gerne mit Gitarre
am Lagerfeuer."

Ich habe meine Waage
jetzt in eine Ecke gestellt und
da wird die kleine Lügnerin bleiben,
bis sie sich entschuldigt.